나의
가치를
높여주는
독서
브랜딩

나의 **가치**를 높여주는
독서 브랜딩

초판 1쇄 인쇄 | 2023년 7월 21일
초판 1쇄 발행 | 2023년 7월 28일

지은이 | 배정환
펴낸이 | 박영욱
펴낸곳 | (주)북오션

주　소 | 서울시 마포구 월드컵로 14길 62 북오션빌딩
이메일 | bookocean@naver.com
네이버포스트 | post.naver.com/bookocean
페이스북 | facebook.com/bookocean.book
인스타그램 | instagram.com/bookocean777
유튜브 | 쏠쏠TV · 쏠쏠라이프TV
전　화 | 편집문의: 02-325-9172　　영업문의: 02-322-6709
팩　스 | 02-3143-3964

출판신고번호 | 제 2007-000197호

ISBN 978-89-6799-779-3 (03190)

나의
가치를
높여주는
독서
브랜딩

배정연 지음

북오션

이 책은 코로나가 찾아오고 2년 동안, 몇 가지 분야에서 성과를 거둔 개인의 이야기이자, 자기 계발 과정이다. 글쓰기는 물론이고 블로그와 아무런 인연도 없었던 내가 조회 수 2,000명이 넘는 도서 인플루언서가 되었고, 브런치 작가가 되었다. 팟캐스트에 도전했고, 유튜브도 시작했다.

1,000일 동안 매일 북리뷰, 생각 정리 글쓰기를 하고 있으며, 매년 100권 읽고 서평 쓰기를 하고 있다. 그리고 독서라는 브랜딩으로 '꿈의 도서관'이라는 회사를 만들었다. 회사를 운영하며 에세이, 소설 쓰기, 블로그 쓰기, 독서 토론을 사업화하고 있으며, 소통하던 이웃들과 서로 응원하며 첫 번째 책, 《가서 만나고 이야기하라》를 출간했다. 그리고 초보 작가들과 모여 작가 모임도 운영 중이다.

본업과 병행하며 새벽 시간과 일하는 시간을 쪼개어 다양한 브랜딩에 도전했다. 사람을 변화시키는 가장 좋은 방법은 스토리를 들려주는 것이다. 스토리만이 가슴 깊이 파고들고 마음을 움직일 수 있다. 사람은 누구나 무한한 잠재 가능성을 가지고 있다. 내가 경험한 2년의 이야기가 독자의 가능성에 닿아 원하던 꿈에 도전했으면 좋겠다. 원하는 것을 발견했다면 바로 시작하면 된다. 만약 찾지 못했다면 일단 할 수 있는 것을 바로 시작해보면 어떨까?

일이란 시작하면 그 안에서 다른 길이 찾아지기도 한다. 첫 책도 마찬가지지만 이 책은 바로 시작하는데 용기를 주고 싶어 기획했다. 비슷한 분야는 물론이고, 다른 분야에 종사하는 분들에게도 충분히 동기를 줄 수 있으리라 생각한다. "안된다. 시간이 없다. 불가능하다. 아무나 하는 것이 아니다. 아는 사람이 없다."라고 생각하고 있다면 이 이야기가 도움이 될 것이다.

출간은 나에게 하나의 기적과도 같다. 오랜 시간 책을 읽어왔지만, 글을 써볼 생각도, 정리할 생각도, 출판에 대해서도 구체적으로 생각해본 적이 없었다. 물론 미래에, 언젠가, 기회가 된다면 책 한 권 내보고 싶기는 했다. 하지만 글 쓰는 능력이 있다는 것도 몰랐고, 가능하리란 생각은 더더욱 하지 못했다. 책이란 그저 뭔가 대단한 지식이나 성과를 거둔 사람만이 쓰는 것으로 생각했다.

내가 성공에 있어서 가장 중요하게 생각하는 점은 간절한 꿈과 꾸준함이다. 우연히 발을 들여놓은 블로그에서 간절한 꿈이 생겼고, 2년 동안 꾸준히 도전했다. 실패를 통해 개선했고, 사람들의 의견을 묻고 소통하며 커뮤니티를 만들었다. 매일 쓰는 것조차도 나의 브랜딩이 되었고 이제는 이웃들에게서 '행동하는 독서'라는 브랜딩으로 불린다.

변변히 글 하나 제대로 써본 적 없는 내가, 자기 계발 베스트셀러 저자가 되었다. 책을 쓴 사실도 중요하지만, 내게 가장 소중한 자산은 단연 사람이다. 2년 동안 블로그를 통해 다양한 분야의 사람을 만났고, 색다른 커뮤니티를 만들었다. 나이와 성별에 상관없이 전국을 다니며 친구를 만들었고, 이제는 나의 무기가 되었다. 마음만 두고 있으면 아무것도 아니다. 가서, 만나고, 그들과 친구가 되면 엄청난 일이 벌어진다. 나는 믿는 대로 행동했고, 행동한 대로 꿈을 이뤄가고 있다.

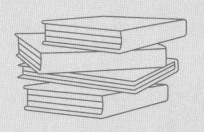

차례

PART 1 나를 표현하는 이름

PART 2 독서를 통한 성장

PART **3** 블로그를 시작하다

PART **4** 퍼스널 브랜딩 – 행동하는 독서

PART 5 첫 책에 도전하다

PART 6 블로그에서 이어져 사업으로

PART 7 　비즈니스 브랜딩 – 꿈의 도서관

PART

1

나를
표현하는
이름

꿈의 도서관 대표

　내가 가지고 다니던 명함은 '마케팅 사업가' 오직 하나였다. 직업이 뭐냐는 질문에 대답은 그것뿐이었다. 나름 이 분야에서 성공을 거두었고, 남들이 인정해 줄 만한 위치에 올랐다. 그랬던 내가 명함을 하나 추가했다. '꿈의 도서관' 대표이사. 그리고 세 번째 명함을 하나 더 추가했다. 《가서 만나고 이야기하라》라는 자기 계발서 작가가 되었다. 20년간 마케팅 전문가로 살았는데, 두 개의 명함이 추가되는데 단 1년이 걸렸다. 현재는 3개의 직업을 넘나들며 일하는 멀티잡의 삶을 살고 있다. 지금 쓰고 있는 이 책은 두 번째 책이다. 이 책을 통해 멀티잡의 삶과 브랜딩의 과정을 보여주고 싶다. 작가가 되어 글을 쓰게 되고, 지금은 쓰는 재미를 새롭게 찾았다. 쓰면 쓸수록 쓰고 싶은 것이 많아진다.

지방에 갔다가 지인이 운영하는 가게를 방문했다. 마침 가족 분들이 모여 있었는데 그중에서 둘째 언니가 내게 물으셨다.

"혹시 어떤 일을 하시는 분인지?"

초등생 자녀 두 명과 같이 있기에 '꿈의 도서관' 명함을 건네며 말했다.

"저는 독서를 브랜딩하는 사업을 합니다. 가령 독서 토론, 글 쓰기, 작가 모임 같은 것들이죠. 혹시 자녀들이 있으시면 저희 독서 토론에 관심 가져보세요."

둘째 언니는 반가워하시며 그러잖아도 독서 토론에 대해서 궁금한 것이 있었다고 했다. 상대적으로 살고 계신 곳이 소도시라 독서 토론이 별로 없다며, 어떻게 해야 하는지 여러 각도로 물어오셨다.

"정말 좋은 일 하시네요. 온라인으로 이런 일을 해주시면 다양한 사람이 문화적 혜택을 받을 수 있겠어요."

내가 하는 일이 도움이 된다는 것도, 인정을 받았다는 것도 뿌듯하게 다가왔다. 꿈의 도서관 사업을 시작하고 얼마 되지 않은 시점이라 더욱 크게 다가왔을지도 모른다. '아이들 독서'라는 주제로 한 시간가량 이야기를 나누었다. 이제는 '독서'가 내 사업 아이템으로 자리 잡아 가고 있음을 깨달았다.

명함은 두 개를 가지고 다닌다. 작가라는 이미지를 보여주고 싶을 때는 네이버 검색 결과를 보여준다. 만나는 상대의 성향에 맞추어 명함을 주고 있다. 요즘은 종이 명함보다 디지털 명함이 효과적이다. 네이버 인물 검색에서 나를 검색하여 보여준다. 운영하는 블로그 주소를 보내주기도 하고, 젊은 사람들과는 인스타그램 팔로워를 맺기도 한다. 그래서 인스타그램도 계정이 3개이다. 일에 맞추어 인스타그램을 소개한다. 작은 종이카드의 명함이 아닌, 나를 더 효과적으로 전달하는 디지털 명함이 많아졌다. 그것이 바로 브랜딩의 시작이라 생각한다.

요즘은 하나의 직업을 떠나 'N잡러 시대'라고 말한다. 그런 트랜드에 비추어 보면 나는 지금 N잡러가 맞는 듯하다. 공식적으로는 3개의 직업을 가지고 있다. 첫째는 마케팅 사업을 하고 있으며, 두 번째는 꿈의 도서관을 통해 독서, 강의, 글쓰기, 작가 모임 플랫폼 사업을 운영한다. 마지막으로《가서 만나고 이야기하라》'자기 계발서 작가'로 활동하며 블로그를 운영하고 강의를 하고 있다. 하는 일로 나누어 보면 글쓰기, 독서 토론하기, 외부 인사 섭외하기, 경영하기, 강의하기, 교육하기, 훈련시키기 등으로 나누어진다. 때로는 하루를 너무 바쁘게 사는 게 아닌가 싶다. 물론 모든 활동을 혼자 할 수는 없다. 회사는 운영자가 이끌어가지만, 구체적 운영은 해당 프로그램 리더와 팬들이 도와주고 있다. 그야말로 리더와 참여자를 연결하고 교육하는 플랫폼을 만들어 간다. 혼자 하는 것은 자영업이지만 사람들과 함께하는 것은 사업이다. 나는 사업을 진행하는 중이다. 그

래서 많은 일을 위임하고 끊임없이 새로운 사업 아이템을 통해 사람을 만나고 있다

《폴리매스》를 읽고 기억에 남는 구절이 있다. 다양한 분야에서 어느 정도 수준에 이르면, 각 분야의 장점들을 모아 기존에 없던 새로운 분야를 만들 수 있을 거라 했다. 원작은 스콧 애덤스가 쓴 《더 시스템》이란 책에 언급된 내용이다. N잡러의 목표는 기존에 없던 새로운 창조물을 만들어 내는 것이라 생각한다. 하나씩 나누어 보면 남들이 하는 것을 모방하는 것 같지만, 통합시키면 완전히 새로운 분야가 탄생할 수 있다. 마케팅, 독서, 강의, 글쓰기, 출판 등이 합쳐지면 기존에 없던 커뮤니티가 만들어질지도 모르겠다. 새로운 형태의 도서관이 만들어질 수도 있다. 고대의 도서관이 정보와 기술을 얻는 형태라면 지금의 도서관은 더 구체적으로 그 정보와 기술이 흐르도록 만들어 준다. 단지 책만 빌려주고 공부하는 차원을 넘어 사람을 연결하고, 소통하며, 배우고, 같이 익히는 시스템을 만들어 보는 것이다.

오랫동안 사업을 해온 나로서는 어떤 일이든 혼자 할 수 없다는 것을 잘 안다. 나는 그 사실을 일찌감치 깨달았다. 어떤 일이든 조력자와 동업자의 힘을 이용해야 크게 이룰 수 있다. 첫 책을 내는 것도 겉으로는 혼자 한 것 같지만, 보이지 않는 곳에

서 수많은 조력자의 에너지가 모여 만들어졌다. 특히 우리 사업은 플랫폼 사업이기 때문에 사람이 매우 중요하다. 모든 사업은 사람과 무엇을 어떻게 하느냐에 따라서 성패가 좌우된다. 사업은 사람을 경영하는 일이다. 나는 운 좋게도 다양한 장소에서 좋은 사람을 많이 만났다. 그리고 그들과 같이 일하는 행운을 가졌다. 사람들을 만나고, 격려하고, 그들을 성장시키는 일은 모든 사업의 기본이 된다.

꿈의 도서관 대표로 독서 토론, 강의, 글쓰기 등으로 사업을 확장하는데 한 분이 질문을 해오셨다.

"꿈의 도서관이 도대체 무엇인가요? 요즘 눈에 많이 띄는데, 무엇을 하는 곳인지 궁금했어요."

또 어떤 이는 이런 이야기도 한다.

"토론에 관심이 있어 들어왔는데, 글쓰기도 있는 줄은 몰랐어요. 그것도 참여해 보고 싶네요. 프로그램이 많네요. 제 친구에게도 이야기해야겠어요."

최근에 비슷한 질문을 여러 번 받곤 한다. 실제로 프로그램에 참여해 보면 기존에 알지 못했던 분들을 종종 만난다. 참여 이유를 물으면 지인의 소개로 들어오셨다는 말을 많이 듣는다. 사업에 있어 가장 좋은 것은 누군가의 소개로 확장되는 것이다. 영업과 마케팅이 저절로 되는 구조가 가장 이상적이지 않은가? 조금씩 회사의 인지도가 올라가는 거 같아 다행이다. 블로그에서 책을 좋아하던 몇몇 분들과 의기투합하여 창업한 회사가 꿈의 도서관이다. 각자 자본금을 출자해서 법인을 만들어 창업했다. 어떤 분들은 블로그 하는 개인이 약간의 돈을 받고 독서 토론하는 곳일 줄 알았다며, 주식회사라는 말에 깜짝 놀라기도 한다. 사실 블로그에서는 보기 드문 커뮤니티가 맞다.

나는 개인의 진정한 성장과 발전은 독서, 글쓰기와 말하기라 생각한다. 사회적 성공은 그다음 일이다. 하지만 이러한 일련의 활동은 개인적 영역에 가깝다. 제대로 코치 받고 모임에 참여하면 누구나 가능하다고 믿는다. 특히 한국의 교육은 입시 위주로 되어 있다 보니 학생들이 참여하는 활동은 더욱 부족하다. 공동의 커뮤니티를 만들어 같이 성장하는 것이 꿈의 도서관의 비전이다. 최근 들어 많은 자기 계발서가 독서와 글쓰기를 강조하고 있어 매우 다행이라 생각한다. 자신의 의견을 정리하고 말할 수 있는 능력은 사람 관계에 꼭 필요하다. 읽은 것을 정리하고 개념을 잡아 요약하며 자신의 의견을 싣는 능력을 누구나 갖추어야 한다. 이것이 선진 교육의 핵심이라고 믿는다.

아이들이 어려서부터 독서 토론에 참여하면 자신의 의견을 발표하는 습관이 길러진다. 우리 아이들은 시키지 않아도 토요일이 다가오면 책을 읽는다. 1년 동안 지속하며 습관으로 자리 잡았다. 책을 좋아하지 않던 초기와 비교하면 크나큰 발전이 아닐 수 없다. 나 역시 어려서 집에 있던 책들이 큰 동기를 준 기억이 있다. 만약 그때 이런 토론 문화가 있었다면 내 인생이 어떻게 바뀌었을지 모르겠다. 지금은 초등학생인 아이들이 중학교, 고등학교 가서도 독서 토론이 꾸준히 이어졌으면 하는 바람이다.

우리가 교육받을 때는 인터넷이 없었기 때문에 학교나 동아리 형태로 독서 토론이 이루어질 수밖에 없었다. 지금은 인터넷의 발달로 많은 분야의 다양한 계층의 사람들이 시간과 공간을 초월하여 각자 의견을 나눌 수 있는 시대이다. 얼마나 좋은 시대인가? 마음만 먹으면 어떤 장르 책이든 모여서 독서 토론에 참여할 수 있고 모임을 이끌어 갈 수 있다. 더 전문적인 과정이 필요하다면 배울 수 있는 과정도 얼마든지 존재한다. 참 편리하고 편한 세상이 아닐 수 없다. 그래서 독서 토론을 이끌어갈 리더 양성 과정을 시작했다. 오랫동안 체계적인 독서 토론을 운영한 리더를 찾아 교육을 담당하게 하는 것이 내가 하는 일이다.

블로그를 2년 정도 하면서 많은 이웃이 생겼다. 온라인 오프라인에서 만남을 이어가며 회사가 조금씩 알려지기 시작했다. 처음에는 '하늘혼'이란 닉네임으로 알려졌다가 점차 '행동하는 독서'라는 브랜딩을 드러내기 시작했다. 그리고 꿈의 도서관을 설립한 후에는 '꿈도 대표'로 알려졌다. 새로운 블로그 이웃과 댓글을 주고받다가 "제가 꿈도(꿈의 도서관) 대표입니다."라고 하면 깜짝 놀라며 "아! 그렇군요. 영광입니다. 대표님을 만나 뵙네요."라고 하시는 분들도 만난다. 블로그 세계에 조금씩 입지를 굳혀가면서 다양한 캐릭터로 불리는 나를 본다.

꿈의 도서관이 나눔과 공유라는 비전으로 설립된 회사인 줄 몰랐다고 하시며 관심을 보여주는 독자들이 늘어나고 있다. 책의 내용을 강의하기 위해 '북토크'를 열어 사람들을 만나고 그들의 요청을 들어보기도 한다. 책에 대한 사람들의 생각을 들어보고 의견을 반영하여 조금씩 방향을 수정해 나가는 중이다. 우리의 상품은 독서 토론, 강의, 모임, 글쓰기, 작가 지원 등이다. 그것을 원하는 사람들과 제공할 수 있는 사람들이 모이는 플랫폼 사업이다. 따라서 사람들이 모여야 진행되는 사업인 셈이다. 코로나로 인해 가장 유명해진 줌(화상회의)에 모이고 있지만, 곧 오프라인으로 확장해 나갈 예정이다. 보이지 않는 관계들이 모여 사업의 바탕을 이룬다. 그야말로 공급자와 수요자가 모여 서로의 재능을 사고파는 플랫폼 사업으로 진화 중이다. 사람들이 플랫폼에 모여서 같이 토론하고, 강의하고, 강의 듣고, 글쓰기를 배운다.

서로의 독립적 발전을 토대로 같이 협력하여 승/승의 게임을 하는 것이다. 그리고 타인의 성장과 발전에 밑거름이 되어준다면 분명 의미 있는 회사가 될 것이라 믿는다. 혼자서는 어떤 것을 기획하기도 행동하기도 만만치가 않다. 두렵기도 하고 해결책이 희미하기도 하다. 하지만 먼저 걸어 본 선배들이 이끌어 주는 플랫폼이 있다면 다양한 분야에서 도움을 주고받을 수 있다고 생각한다. 특히 회사나 단체들과 거래해야 할 때는 혼자보다는 회사가 더 많은 일을 해낼 수 있다. 시너지는 부분의 합보다 전체의 합이 더 큰 것을 의미한다. 어떤 일이든 많이 모이면 에너지 수준은 더 높아진다. 그러려면 통합하고 방향을 만드는 시스템이 필요하다. 그 시스템은 누군가 앞장서서 만들어 내야 한다. 그것이 꿈의 도서관이 존재하는 이유이다.

결국, 미래 사회는 퍼스널 브랜딩의 사회가 될 거라는 것을 안다. 많은 전문가가 그렇게 미래를 예측한다. 꿈의 도서관은 각자의 브랜딩을 지원하는 시스템으로 발전하고 있다. 이 시스템은 누가 돌리는 것이 아니라, 참여한 모든 사람이 시스템의 주체이다. 참여자가 시스템이 되는 것이다. 거기서 발생한 엄청난 시너지를 각자 나누어 가지는 것이다. 혼자서 하는 파이가 1이라면 10명이 모여서 100의 파이를 만들어 10씩 나누어 가지는 것이다. 혼자서 하는 것보다 몇 배의 효과를 거두는 셈이다. 그래서 관계가 매우 중요한 사업이라고 말할 수 있다.

꿈의 도서관은 성장하고자 하는 모든 분의 꿈을 지원하려고 계획 중이다. 강의, 작가, 토론 리더, 필사 리더, 마인드 성장, 자기 계발 등을 원하는 모든 사람의 성장을 응원한다. 타인을 돕기 위해서는 내 성장이 선행되어야 한다. 내가 먼저 배우고 연습하는 시간을 가져야 한다. 덕분에 나도 많은 변화와 발전을 거듭하고 있다. 다양한 매체를 활용하기 시작했고, 능력을 갖춘 다양한 사람들과 비전을 공유하고 제안하고 있다. 그때 필요한 것이 《가서 만나고 이야기하라》라는 내 책의 주제이다. 줄 수 있는 사람과 받고 싶은 사람을 찾아 같이 배우고 성장하는 것이 핵심이다.

사업은 기본적으로 이윤 추가가 되어야 한다. 그래서 돈과 공익성 사이에서 갈등이 생기곤 한다. 수익성과 타협해야 하는 선택의 순간이 오곤 한다. 앞으로도 이것은 운영자의 숙제가 될 것이다. 다행히도 회사에서 배출된 독서 토론 클럽장들이 무료 독서 토론을 진행하며 공익성을 가져가고 있다. 자신의 재능을 나누어 주는 분들이 얼마나 감사한지 모른다. '세상이 돌아가는 이치가 꼭 돈만은 아니다'라는 것을 보여준다.

02

작가로 사는 삶

최근에는 아는 분들을 만나면 '작가님'으로 불러주곤 한다. 아직도 그게 얼마나 어색한지 모르겠다. 맞지 않는 옷을 입고 있는 것 같다. 심지어 사인해달라며 책을 내미는 분도 계신다. 언제 책을 주문해 놓으셨는지, 내가 오기만을 기다렸다고 한다. 불과 며칠 전까지는 호칭이 '배정환 씨'였다. 하지만 한 권의 책을 통해 '작가님'으로 바뀌었다. 물론, 꿈의 도서관 때문에 '대표님'이란 호칭으로 불리기도 한다. 어색한 사인을 하며 고민에 빠진다. 멋진 멘트를 같이 적고 싶은데 갑자기 떠오르지 않기 때문이다. 그래서 다음을 위해서 좋은 멘트를 미리미리 준비해 두곤 한다. 갑작스러운 요청에 대응하려고 몇 가지 멘트를 핸드폰 메모장에 적어두었다.

만년필에 '행동하는 독서'라는 이니셜도 새겨 가지고 다닌다. 언제든 누군가 사인을 부탁하면 꺼내서 바로 사인을 해주려는 의도였다. 사인을 걱정하며 살아보는 인생이 처음이라 웃기기만 하다. 보통은 우리가 원하지 않는 서류에 사인해야 하지 않는가? 은행, 관공서, 보험에 나를 옭아매기 위해 사인한다. 하지만 작가가 된 이후의 사인은 상징적 의미가 크다. 책의 저자를 직접 만났다는 증표가 되기 때문이다. 최고의 브랜딩은 책을 내는 것이라 했다. 나를 만난다는 것에 의미를 두는 분들이 계셔 뿌듯하다. 그분들을 만나는 것은 가슴 설레는 일이다.

친하게 지내는 출판사 대표님과 책에 관한 이야기를 나눈 적이 있다. 독서 인구가 아무리 줄고 있다손 치더라도 책은 가장 대표적인 나를 드러내는 도구이자, 지식을 전달하는 매체라는 점에 공감했다. 유튜브에 밀리고 있지만, 책의 저자는 웬만한 유튜브 운영자보다 아직은 더 인정받을 수 있다. 작가가 된다는 것은 자신의 지식과 경험을 압축했다는 말이고 상업적 출판사의 관문을 넘어섰다는 말이다. 팔리든 팔리지 않든, 서점에서 구할 수 있다는 점만으로도 인정받아 마땅하다고 생각한다.

네이버 인물 검색에 내 이름을 검색하면 몇 명이 뜬다. 내 사진을 클릭하면 회사 대표라는 말과 함께 첫 책이 보인다. 나는 이 검색을 명함으로 사용한다. 내 핸드폰에서 검색하여 상대에게 보여주며 나를 소개한다. 어쩌면 가장 강력한 소개 방법이 아닐까 싶다. 물론 내가 신청한 인물 검색이지만, 네이버가 인정하지 않으면 올릴 수 없기에 공증받은 것이나 다름없다. 클릭하면 책 소개 뉴스로 이동하게 해두었다. 책 제목만 검색해도 뉴스 자료와 블로그 포스팅이 얼마든지 소개되어 있다. 책이 가지는 강력한 브랜딩 효과이다.

블로그 댓글에 이런 글이 올라왔다. 회사 도서관에서 우연히 내 책을 읽었다며 너무 많은 도움을 받았다고 했다. 저자가 궁금해서 블로그를 찾아 글에 댓글까지 남긴다고 했다. 얼마나 반갑고 뿌듯했는지 모른다. 나만 알고 있던 정보, 배움, 경험을 타인과 나누었을 뿐인데, 그들에게 인정이라는 선물을 받았다. 나눌 수 있는 것이 있고, 나눌 사람이 있음에 감사하다. 취업 때문에 고민하던 분께서 책을 읽고 용기를 냈다며 감사의 댓글을 달기도 했다. 지금도 그분의 취업과 일하는 과정을 나눈다. 정말 잘되기를 기도한다.

책이 나오고 나서 햄버거까지 사 줘 가며 아들을 교보문고에 데리고 간 적이 있다. 서점에 진열된 아빠 책을 아들에게 보여주고 싶었다. 서점에 진열되는 것이 어떤 의미인지 아직 잘 모르기 때문에 눈으로 보여주고 싶었다. 교보문고에 들어서자 베스트셀러 존이 눈에 먼저 들어왔다. 며칠 전에 미리 와서 확인해 두었기에 거침없이 아들을 그쪽으로 데리고 갔다. 주제별로 진열된 베스트셀러 15위 중에 나의 책은 7위에 전시되어 있었다. 가슴 높이의 두 번째 선반, 5위부터 10위 사이에 《가서 만나고 이야기하라》가 자리 잡고 있었다. 아들을 책 앞에 세우고 사진을 찍었다. 안쪽으로 이동하자 매대에 놓인 책도 눈에 들어왔다. 아들은 의아한 얼굴로 물었다.

"왜 책이 저기도 있고, 여기도 있어요?"

"여기 매대는 최근 신간이나 잘 나가는 책이 놓여있는 곳이고. 베스트셀러 존은 가장 잘 팔리는 베스트셀러 15위까지 잘 보이는 곳에 진열해 준 거지."

"그럼 아빠 책이 엄청나게 잘 팔린다는 거예요?"

"그럼, 아빠 책이 전국에서 자기 계발서 7위라는 말이지."

아들에게 한껏 자랑하며 아들이 고른 책과 내 이름이 새겨진 책을 구매했다. 앞으로 아들에게 비치는 아빠의 모습이 어떻게 변할지 궁금하다. 예전에 누군가가 나에게 꿈에 관해서 물은 기억이 난다. 그때 나는 이런 대답을 했다.

"자식에게서 나도 아빠처럼 될래요. 라는 말을 듣고 싶습니다."

이런 말을 듣는다면 부모로서 가장 큰 보람이 아닐까 싶다. 아마도 아들이 그렇게 생각해 줄 것이라 믿어 의심치는 않는다. 학교 선생님께 "우리 아빠는 작가세요."라고 말하라 일러주었다.

지방에 볼일이 있어서 내려갔다가 다음 약속까지 약간의 여유가 생겼다. 식사 겸, 휴식 시간을 보낼 맛집을 찾다가 브런치를 전문으로 하는 미술관 카페에 들어갔다. 날씨가 매우 추워 카페 주변의 강도 단단히 얼었고, 찬 바람도 제법 불었다. 덕분에 실내는 더 아늑하고 따뜻했다. 밖으로 보이는 강과 산의 풍경이 매우 맘에 드는 카페였다. 카페에 앉아 샌드위치에 커피를 마시며 책을 읽었다. 《가서 만나고 이야기하라》 사진도 찍으며 분위를 내다보니 글을 남겨야겠다는 충동이 밀려왔다. 작가들이 자기 책을 멋진 배경에 두고 사진을 찍지 않는가? 그런 걸 나도 해 보고 싶었다. 이웃들 포스팅이나 인스타그램을 보고 따라 해 보고자 노력했는데, 그마저도 쉽지는 않았다. 사람들이 나를 어떻게 바라볼지 은근히 신경이 쓰이는 것은 어쩔 수 없었다. 보부아르가 카페에서 글을 쓸 때 이런 기분이었을까? 사실 나는 카페에 앉아 글 쓸 정도의 여유시간이 별로 없다. 그래서 새벽 시간을 주로 이용하고 있다. 전국을 다니다 보면, 책 읽을 시간이 별로 없다. 대중교통을 이용하면 책을 많이 읽을 수 있겠지만, 자가운전이 대부분이라 독서가 만만치는 않다. 가끔 자동차 수리를 하러 가면 오롯이 나의 시간이 허락된다. 반나절 정도 근처 카페에 머무는 시간이 낯설지만 소중하다. 나는 아직도 생활 짬짬이 형 작가인가 보다.

　아주 짧은 블로그 글이지만 카페에 머무는 동안 얼추 완성해서 발행을 누른다. 누가 볼지, 어떤 댓글이 달릴지 모르지만, 오늘도 발행한다. 새벽에 포스팅해야 했지만, 일찍 나오느라 미처 글쓰기를 하지 못했다. 태블릿과 책을 사이에 두고 풍경을 즐기며 글쓰기 하는 내 모습이 왠지 어색했다. 내 이름이 새겨진 책을 들고 있으니 기분이 더욱 묘해진다. 글쓰기 경험 없는 나로서는 매일 글쓰기 수업을 독학한 셈이다. 책을 한 권 내고 나니 블로그 글쓰기도 조금은 더 조심스러워졌다. 책임감이라는 무게감 때문에 한 번 더 생각하고 발행 버튼을 누르게 된다. 자기 계발서는 쓰는 것보다 그런 삶을 살아야 하는 것이 더 어렵다. '그래서 얼마나 더 잘하는지 보자'라는 시선을 느낀다.

카페에서 이웃과 소통하다 책을 보내주고 싶은 사람이 생겼다. 근처 서점을 검색해 보니 차로 20분 정도에 교보문고가 있었다. 내비로 길을 찾아 교보문고로 출발했다. 혹시나 하는 마음에 베스트셀러 존을 둘러보게 되는 것은 어쩔 수 없다. 인터넷 서점에 들어가도 제일 먼저 하는 것은 베스트셀러 몇 위에 있는지 점검해 보는 것이다. 자기 계발 코너에 가보니 그래도 잘 보이는 매대에 진열되어 있었다. 혼자서 어색하게 사진을 찍고 셀카도 찍어 본다. 최근에 블로그 이웃이 출간한 책도 찾아보았다. 책장에서 찾아 매대 위에 잘 보이도록 꺼내두었다. 멀지 않은 곳에 상담직원들이 있어 은근히 신경 쓰였지만, 내가 아는 분의 책을 잘 보이는 곳에 놓는 것은 하나의 의식처럼 느껴진다.

구매한 책, 첫 장에 받는 분과 어울릴 만한 적당한 메시지를 쓰고 사인을 했다. 바로 우체국으로 달려가 택배를 보냈다. 대전, 평택, 충주⋯⋯ 출발지가 그때그때 다르다. 사업 때문에 지방에 있을 때가 많다. 차에 책과 택배 봉지를 가지고 다니며 필요한 사람이 있다면 사인을 해서 보내주곤 한다. 해외에 계신 이웃에게 보내느라 책보다 택배비가 더 많이 든 적도 있다. 누군가 내 책에 대해 호기심을 보이면 적극적으로 보내주곤 했다. 처음보다 조금 익숙해지긴 했어도 작가라는 타이틀은 아직도 어색한 단어이다. '오늘은 어디에 계시느냐?'는 출판사 대표님의 전화에 충주라고 답했더니,

"얼마 전에는 대구, 어제는 대전, 오늘은 충주⋯⋯ 행동하는 작가님 맞네요. 정말 가서 만나고 이야기하는, 책 그대로의 작가시네요."

작가라는 이름의 무게보다 글대로 살아야 하는 무게가 더 무겁게 느껴진다. 자기 계발서는 그런 무게가 있다.

온라인 북토크를 한다고 공지했더니 50명의 이웃이 줌으로 들어오셨다. 코로나 때문에 오프라인에서 사람을 만날 수 없으니 줌을 통해서라도 사람들과 책에 대해 나누고 싶었다. 늦은 시간 북토크임에도 불구하고 많은 이웃이 참석해 주셔서 감사

한 시간을 보냈다. 글을 쓰고, 원고를 만들고, 출판으로 이어지는 이야기를 하며 이것이 나의 두 번째 책의 이야기될 것을 직감했다. 그리고 지금 이 원고를 작성하고 있다. 하나의 성취가 또 다른 성취로 이어진다는 것이 기적처럼 느껴진다. 블로그에 오랫동안 글을 쓰다 보면 이야기 찾는 능력도 같이 향상된다. 글이 쌓여가면 내고 싶은 책도 자연스럽게 늘어간다. 내가 전생에 이야기꾼이 아니었나 싶기도 하다. 이렇게 하고 싶은 말이 많았는데 그동안 어떻게 참고 살았을까?

20대들을 위한 북토크를 기획한 적도 있다. 작가에게 궁금한 것을 묻기보다는 강의 형식으로 구성했다. 아들, 아들 친구, 지인들의 아들, 딸들이 참석했다. 이제 막 사회에 나갈 준비를 하는 이들, 사회 초년생으로 살아가는 이들, 그들에게 전하고 싶은 메시지는 너무나 많았다. 그 이야기를 어떻게 하느냐에 따라서 멘토가 될 수도 있고 꼰대가 될 수도 있다. 작가라는 타이틀은 멘토에 가까울 수 있어서 좋다. 책이 가지는 힘이 아닐까 싶다. 책을 통해 만나기 어려운 세대와도 소통이 이루어진다. 저자라는 힘이 없었다면 아들의 친구와 대면할 일이 있었을까?

전주에 퀼트와 독서 토론을 병행하는 모임이 있다. 블로그 이웃께서 운영하시는 모임인데, 같이 식사하고 이야기도 듣고 싶다며 초대를 해 주셨다. 모임 운영자께서는 꿈의 도서관 클럽장으로도 활약 중이라 기대를 안고 전주로 내려갔다. 운영자의 원칙 중심주의 삶도 궁금했고, 30명 이상 모임을 이끌고 가는 카리스마도 배우고 싶었다. 다양한 연령층, 직업군을 이끌고 가는 것은 몹시도 에너지를 쏟아붓는 일이기 때문이다. 모임을 꾸준히 이어간다는 것은 배울 점이 있다는 것이다. 모임 현장에서 그 힘을 느낄 수 있었다. 솔선수범 모습이야 당연하지만, 선을 넘지 않는 친절함과 겸손함이 보였다. 소녀 같은 감성도 가지고 계셨지만, 타협하지 않는 원칙도 가지고 계셨다. 30명이 넘는 분들과 식사하고 북토크하며 의미 있는 시간을 함께 보냈다. 책이 너무 좋아서 두 번이나 읽으셨다며, 밖으로 나갈 용기를 얻으셨다고 했다. 참여한 모든 분께 사인해 드리며 똑같은 메시지를 적지 않기로 했다. 최소한 그분들에게 보이는 성의라 생각했다. 질문 하나하나 답변해 나가며 내 생각을 타인과 나누는 것에 대해 다시 한번 보람을 느끼게 되었다. 이런 긍정적 모임이라면 어디라도 달려가고 싶다.

작가라는 타이틀과 스타트업 대표라는 이름으로 고등학교에 직업 강의를 나간 적도 있다. 학교에서 공부만이 전부가 아니라고 이야기했다. 선생님이 들으셨다면 실망하셨을지도 모르겠다.

"앞으로는 창업의 시대이다. 창업 정신이 직업을 대체할 것이다. 다양한 직업을 가지는 시대이다. 세상에 없던 직업을 만들어야 한다. 그러기 위해서는 최고는 아니라도 어느 정도 잘하는 수준의 일을 경험해야 한다. 그래서 독서와 글쓰기가 반드시 필요하다. 통합적 지식을 쌓고 자신을 표현하는 능력이 필요하다."

직업에 관한 이야기라기보다 자신을 계발하라는 메시지를 주었다. 80분간 참으로 많은 이야기를 전했다. 나중에 학교에서 학생들의 소감문을 보내주었다. 다행히도 책과 글쓰기의 중요성을 다시 깨달았다는 내용이 많았다. 사업을 하려면 사람과 인재가 얼마나 중요한지 배웠다고 했다. 언제나 도전하라는 메시지가 기억에 남는다고도 했다. 《가서 만나고 이야기하라》가 궁금하다는 내용도 보였다. 그 메시지를 우리 가족 카톡 방에 공유했다. 아들, 딸 같은 학생들과 보낸 시간은 많은 의미를 선물해 주었다. 나의 학창 시절에 이런 강의가 있었다면 얼마나 좋았을까?

독서를 통해 나를 바라보게 된다. 20대는 인생 방향을 찾기 위해서, 30대는 삶을 위해서, 40대는 안정을 위해서 살아왔다. 그때마다 독서는 나를 인도했다. 그리고 다시 시작되는 새로운 세대에는 무엇을 해야 하는지 또 고민한다. 새로운 힘이 자연스럽게 나를 끌고 가는 것만 같다. 무엇인가에 빠져들 수 있는 것이 이렇게 행복할 수 있을까? 아는 것도 없고, 해 본 적도 없는 블로그 세계에 발을 들여놓은 지 2년이다. 주변에 블로그 하는 사람도 없었고 조언을 구할 인맥도 없었다. 그런데 왜 블로그를 하기로 마음먹은 것일까? 에버노트에 잘 정리만 해도 될 것을 왜 굳이 남들이 보는 블로그를 선택한 것일까? 블로그에 정리된 책들이 그냥 부러웠을지도 모른다. 나보다 더 많은 책을 읽는 이웃에 대한 경외심과 부러움이 작은 원동력이 되었다.

20년 동안 한 분야만 파고들다 여러 분야에 발을 들여놓는 삶에 관해서 고민이 없던 것은 아니다. 꿈의 도서관 사업 분야 중에 '이루어 드림'이란 강의가 있다. 심리학 박사님을 모시고 게슈탈트 강의를 들었던 적이 있다. 게슈탈트를 우리말로 간단히 표현해달라고 요청했더니 '알아차림'이라고 하셨다. 알아차림, 무엇을 알아차려야 한다는 것일까? 나의 숨은 감정이나 욕구를 알아차려야 한다. 감정을 알아차리고 해소함으로써 진짜 자유에 다다를 수 있다고 했다. 나에게 미해결 과제는 무엇일까? 세 가지 일을 병행하는 나에 대해 많은 생각을 했다. 내가 원하는 삶인지 판단이 서질 않았다. 멀티잡을 가지는 것은 욕심이 아닐까? 수많은 감정이 교차했다. 생각 끝에 결론에 도달했다. 세상일은 완전히 다르지도 않다. 세 가지가 다른 직업같이 보여도 하나로 이어지는 곳이 있다. 사람을 키우고 그들의 꿈과 목표를 세워 주는 것은 똑같다. 해야 하는 일과 하고 싶은 일 사이의 균형을 찾은 것은 어렵지만, 냉엄한 현실이다. 세 가지 일을 진행하려면 많은 것을 포기해야 한다. 항상 행복과 대가 지급 사이에서 고민한다. 어쩌면 끝나지 않을 숙제 같다. 언젠가 힘에 부칠 때가 올지도 모른다. 그때까지는 내 마음이 시키는 일을 해 보려고 한다.

2020년 4월, 어설픈 글쓰기로 블로그가 시작됐다. 같은 해 11월부터 시작한 매일 글쓰기를 900일이나 지켜낸 것은 인내심일까? 즐거움일까? 왜 새벽 시간에 일어나서 키보드를 두드리고 있을까? 운전하면서도 왜 어떤 글을 쓸 것인지 사색할까? 2년 전과 지금의 나는 무척이나 달라져 있다. 아직까지는 세 가지 직업을 잘 지켜내고 있다. 모두 나에게 보람과 기쁨을 준다. 다시 찾은 읽고, 쓰는 유희의 기쁨을 어떻게 표현할 수 있을까?

어느 날부터 개인적 이야기가 글로 나오기 시작했다. 만남, 행복, 꿈, 목표 등을 블로그에 올리며 남들과 공감하는 글을 쓰고 있다. '여러분도 해야만 합니다'라는 글에서 '저는 했어요'라는 글들이 추가되기 시작했다. 내 무늬를 이렇게라도 남겨 놓고 싶다는 생각이 들었다. 무늬는 곧 에세이가 되리라. 그래서 꿈의 도서관 에세이 선생님에게 조언을 구해 내 이야기도 써 보고 있다. 소설 쓰기에도 욕심을 내는 중이다. 내가 글쓰기에 이렇게 관심이 많았던 사람이었나 싶다. 돌이켜보면 나의 글쓰기는 최근에 만들어진 것이 아니다. 고1 때부터 써 내려간 일기가 아직도 책장에 꽂혀 있다. 잃어버릴지도 모른다는 생각에 모두 스캔해서 에버노트에 넣어두었다. 컴퓨터에도 가끔 일기를 썼다. 그렇게 오랜 시간 글쓰기를 했던 나를 다시 발견한다. 일기는 나에게 쓰기가 아니었다. 그냥 기록이고 추억이었다. 시간이 지나며 일기보다는 메모를 쓰고 있었다. 에버노트에 7년이란 시간을 메모로 남겼다. 주어, 동사 없이 명사로 끝나는 단순한 기록일 뿐이었다. 그걸 쓰기라고 생각하지 않았다. 나는 글을 쓰는 사람이 당연히 아니었다. 글쓰기 본능을 다시 찾은 것이 2년 전이다.

에세이는 나의 독서 목록에조차 없던 장르였지만, 이제는 읽는 것을 넘어 내 글을 쓰고 싶다. 나를 기록하는 것을 넘어 내 무늬를 보여주고 싶다. 단지 인정을 받고 싶은 것인지, 책으로 남기고 싶은 것인지 잘 모르겠다. 그게 일기라면 일기겠지만, 누군가의 변화에 도움이 되었으면 하는 바람이기도 하다. 내 삶이 타인을 위로하는 삶은 아니더라도 시작하는 용기쯤은 줄 수 있지 않을까 싶다. 그게 꼭 자기 계발서일 필요는 없다고 생각한다. 그 목표만 정확하다면 어떤 장르도 상관이 없지 않을까? 마지막으로 소설을 쓰고 싶다는 생각도 한다. 만약에 그게 가능하다면, 내 능력이 허락한다면 말이다.

03

마케팅 사업가

마케팅이란 생산된 제품이나 서비스가 고객에게 전달되는 과정을 총괄하는 일이다. 생산에도 관계하지만 주로 유통과 홍보, 교육, 서비스에 관계된 총체적 업무를 수행한다. 생각보다 범위가 넓은 일이지만, 축소해 보면 사람을 성장시키는 일이다. 물론 고객들을 관리하는 업무도 상당 부분 포함한다. 결국, 나와 관련된 사람들 모두에게 이익이 되도록 만들어야 한다. 과거의 나는 사람 만나는 것을 몹시도 싫어했다. 아는 사람들과 어울리는 것이야 잘할 수 있었지만, 모르는 사람은 여전히 불편하다. 그런데도 오랜 시간 사람을 만나면서 낯선 사람과의 만남에 익숙해졌다. 나를 통해 이득을 얻고, 정보를 얻고, 변하는 사람을 보는 것은 누구도 아닌 내게 행복이었다. 마케팅 사업을 한다고 하지만, 사실 사람과 어울리는 삶을 즐긴다는 것이 맞는 표현일지 모르겠다. 사람을 만나는 일은 수많은 갈등과 오해를 극복해야 하는 일이기도 하다. 가장 피하고 싶은 감정임에도 즐길 수밖에 없다. 나이를 먹을수록 외로움과 싸워야 한다는 말이 있지 않은가? 결국, 답은 사람이다.

사업이란 좋은 제품이나 서비스를 제공하는 일로써 사람을 고용하여 임금을 창출해 내야 한다. 회사는 수익 창출이 되어야 하고 직원은 임금을 받아 생활이 잘 유지되어야 한다. 거래처와 파트너는 협력과 지원을 통해 자신의 사업을 성장시켜야 하고, 고객은 최고의 제품이나 서비스를 이용함으로써 원하는 효과를 거두어야 한다. 마케팅은 중간에서 이런 과정이 원활하게 이루어지도록 돕고, 모두가 만족할 만한 결과를 얻도록 만드는 일이다. 고객의 돈이 효과적으로 분배되도록 만드는 일이 마케팅이다. 하나의 흐름을 만들어 내는 일이다. 사람이란 단지 직원만을 의미하진 않는다. 거래처, 고객도 내가 만나야 할 사람이다. 나이, 성별, 직업이 매우 다양하다. 그들의 욕구, 필요, 불만을 해결해야 하므로 다양한 능력을 갖추어야 한다. 그래서 책은 매우 중요한 도구이다.

일 년에 수십억이 넘는 사업을 진행하려면 목표에서부터 계획하고 협력체를 만들어야 한다. 사람을 만나고, 회의하고, 교육하며, 고객을 관리해야 한다. 이는 엄청난 에너지와 시간을 소모하는 일이다. 전국을 다니며 거래처와 고객을 만나야 하고 같이 하는 직원과 파트너를 교육하고 성장시켜야 한다. 나는 네이버 지도에 내가 방문하는 곳을 즐겨찾기에 저장해 둔다. 지도 앱을 펼치면 전국에 별 모양, 하트 모양이 무수히 많이 찍혀있다. 그래서 자동차가 필수이며 웬만한 택시 기사보다 이동하는 거리도 많다. 이런 내가 꿈의 도서관 일을 병행한다는 것은 어쩌면 말도 안 된다. 그럼에도 좋은 사람들을 만나 도움을 주고받을 수 있어 가능한 일이다. 대기업을 다니면서도 이사장으로 역할 하는 피터배 님, 문헌정보학 박사님, 마법의 도서관장님이 같이 헌신하기에 사업을 진행할 수 있다. 그리고 각계각층에서 다양한 능력을 소유한 클럽장 이웃이 계신다. 프로그램을 전문적으로 진행할 수 있는 글쓰기 강사분들이 있어서 다행이다. 사업은 혼자 하는 일이 아니기 때문이다.

누군가를 성장시키려면 같이 책을 읽어야 하고 세미나를 만들어야 한다. 사람을 키우는 일은 어디나 비슷하다. 얼마나 꾸준히 인내심을 가지고 진행하느냐의 싸움이다. 내가 리더가 되어 행동을 끌어내고 앞장서는 모범을 보여야 한다. 사업가의 삶이지만 또 다른 이름은 리더의 삶이 되고 만다. 그래서 독서는 성장을 위해 필수 덕목이다. 팀원들과 같이 책을 읽고 발표하는 시간을 매주 가지는 이유이다. 독서 토론까지는 아니지만, 감명 깊었던 부분을 발표하고 타인의 생각도 들어본다. 책만큼 사람을 성장시키는 일은 없다. 책을 좋아하는 사람이라면 이의를 제기하지 않을 것이다. 꿈의 도서관 대표, 작가, 마케팅 사업, 3개의 직업이 완전히 다르지 않은 이유이다. 모두 하나로 보면 독서와 성장으로 묶여 있다. 하나의 성장이 다른 성장을 끌어내곤 한다. 그래서 일관된 삶의 자세가 필요하다.

사업을 시작하고 자기 계발서를 많이 읽는 이유도 여기에 있다. 사람을 이끌어 관계를 만들고, 그들과 화합하고 결과를 만드는 일은 나와의 싸움이기도 하다. 스스로를 변화시키고 발전시키지 않으면 타인을 이끌 수 없기 때문이다. 그래서 한동안은 소설을 읽지 못했다. 아니, 읽지 않았다. 소설보다는 철학, 심리학, 자기 계발서에 치중했다. 읽은 책은 삶에 그대로 적용해야 했고 그 내용을 근거로 강의도 해야 했다. 바로 '행동하는 독서'라는 브랜드를 만든 이유이기도 하다. 이론보다는 행동, 과정보다는 결과가 필요했다. 내게는 사업을 진행하기 위한 독서가 필요했다.

"리더란 어떤 사람인가?"라는 인터뷰 질문을 받았다. 질문을 사전에 확인하고 갔지만, 대답을 준비하지는 않았다. 그 자리에서 생각나는 대로 이야기하기 위함이다. 문득, 도쿠가와 이에야스의 말이 생각이 났다. 대장은 맛있는 음식을 부하에게 양보하고 거친 음식을 먹을 줄 알아야 한다. 이 말과 연관되어 영화 〈한산〉이 떠오른다. 조선말을 잘하던 포로 준사에게 흥미를 느낀 이순신, 독대 자리를 통해 그를 조선인으로 변절시킨다. 일본 장수들은 목적을 위해 부하를 사지로 밀어 넣지만, 이순신 장군은 부하를 위해 목숨도 내놓는다. 이 모습은 적군을 감동하게 했다. 사업의 조직에서 리더가 되는 과정도 이와 비슷하다. 리더가 되려면 남보다 더 알아야 하고 헌신할 수 있어야 한다. 책을 읽지 않으면 정세를 파악하기 어렵다. 사업은 좋은 선택의 연속이다. 선택은 많은 정보와 경험을 요구하기 때문에 정체되어 있으면 곤란하다.

책을 읽고 같이 나누는 일을 하다 보면 자연스럽게 독서 토론과 무대에 서서 강의하는 것은 필연이다. 꿈의 도서관 사업과 연결해서 이어 나가면 엄청난 시너지가 창출되는 포인트들이 존재한다. 내 경험을 나누고 책을 쓰는 일은 마케팅 사업을 하는 데 있어 상당한 도움이 된다. 하나로 묶어 '퍼스널 브랜딩'이란 표현으로 대신하고 싶다. 사람마다 '퍼스널 브랜딩' 개념이 다를 것이다. 하지만 명확한 것은 남들과 다른 독보적인 모습이 '퍼스널 브랜딩' 된다는 점이다. 그래서 '딱 보면 아는 이미지'라고 표현하고 싶다. 유능한 강사, 잘 쓰는 작가는 많겠지만, 사람을 통해 성장하고 독서하며, 강의하고, 사업으로 만드는 사람은 흔하지 않잖은가? 그래서 퍼스널 브랜드 이름을 '행동하는 독서'라고 지었다.

안정된 일에서 안정된 소득이 발생한다. 새로 시작하는 일들은 불안하고 위험부담을 안을 수밖에 없다. 어떤 일이든 실패의 위험은 각오해야 한다. 새로운 일을 위험에서 흔들리지 않고 해 나가려면 안정된 기반을 갖추고 있어야 한다. 먹고사는 문제가 걸리면 바로 멈추게 된다. 특히 나이를 먹어가면 도전이 더 어렵다. 마음은 있어도 밀고 나가지 못하는 이유가 다 그렇다. 하고 싶었던 일을 포기해야 하는 이유는 모두 경제적 문제 때문이다. 사업이란 결국 돈과 엮여 있기 때문이다. 그래서 나머지 일을 잘 해내기 위해서는 마케팅 사업이 무엇보다 중요하다.

요즘 유행하는 동영상 중에 이영표 선수 강의가 있다. 거기서 '해야 하는 일'과 '하고 싶은 일'에 대해 잘 말해 준다. '하고 싶은 일'을 먼저 하면 나중에 '해야 하는 일'을 하면서 살 수밖에 없다. 그러나 '해야 하는 일'을 먼저 하면 나중에는 '하고 싶은 일'을 하면서 살 수 있다. 마케팅 사업은 내게 해야만 하는 일이다. 그리고 하고 싶은 일을 할 수 있도록 만들어 주는 일이다.

사람들이 정신적, 사회적으로 독립적인 존재가 되도록 돕는 것은 무척이나 재미있고 보람 있는 일이다. 내가 생각하는 후반전의 비전은 타인의 성공을 같이 돕는 일이다. 꿈의 도서관 사업 제안을 받았을 때 마음이 흔들렸던 가장 큰 이유도 여기에 있다. 전반전은 먹고사는 문제로 살았다면 후반전은 남들과 같이 성장하고 나누어주는 일을 하자고 했다. 내가 평소에 고민하던 이상과 맞았다. 마케팅 사업에서 만들어 내고 싶은 것도 이런 점이었다. 타인의 성공을 도우며 성장하고 성취하는 일은 가장 이상적인 사업 형태이다. 미흡하지만 내가 배우고 만든 경험을 사람들과 나누는 삶을 살아 내고 싶다.

04

도서 인플루언서

나는 어렵지 않게 도서 인플루언서가 되었다. 블로그를 시작할 때는 인플루언서 제도에 별로 관심이 없었다. 인플루언서가 되고 나서 브랜딩의 중요성을 알아차린 사람이다. 인플루언서 제도를 강화시키는 네이버를 보며 생각이 바뀌었다. 브랜딩을 위해 도서 인플루언서가 되는 것은 필수라고 생각한다. 인플루언서 단위로 인정과 보상을 주는 방식이 그것을 증명하고 있었다. 광고 수입이 증가하는 효과가 있지만, 검색에서 최상에 뜰 기회이다. 내가 올리는 포스팅이 남들보다 먼저 노출된다는 의미이다. 노출이 많이 될수록 그만큼 조회 수도 올라간다. 조건만 된다면 도전하지 않을 이유가 없었다.

어떤 일이든 모든 것을 계획하고 시작할 수는 없다. 하나씩 해나가다 보면 필요한 것들이 보이기 시작하고 계획은 수정된다. 목표가 바뀌는 경우도 많다. 블로그를 시작하기 전에는 '퍼스널 브랜딩'이란 것에 크게 관심을 두지 않았다. 글을 쓰기 시작하며 목표가 하나씩 생긴 셈이다. 어떤 일이든 먼저 시작해 보기를 추천한다. 해보지 않은 일은 어차피 답을 알 수 없다. 해봐야 다음에 무엇을 할지 결정할 수 있다. 그렇게 시도하고 피드백하고를 반복하다 보면 뜻했던 곳이든, 뜻하지 않았던 곳이든 어딘가에 다다를 수 있다. 목표는 수정되고, 계획은 다시 세워지며 나가는 것이다.

도서 인플루언서가 되면 출판사에서 책 서평 의뢰가 많아진다. 하루에도 이메일이 몇 통씩 온다. 그만큼 신간을 무료로 읽을 수 있다. 나는 필요한 것만 소량의 책을 수락한다. 욕심을 내서 여러 권 받았더니 숙제 같은 무게감이 생겨 이제는 자제하며 받고 있다. 신간을 원한다면 도서 인플루언서에 도전해 보기를 적극 추천한다. 때로는 읽어야 할 책의 부담감 때문에 적극적으로 읽을지도 모른다. 책을 많이 읽는 사람의 특징 중 하나는 눈 닿는 곳에 책이 많다는 것이다. 책을 안 보이는 곳에 두면 읽기 쉽지 않다. 독서광들은 소파에도, 책상에도, 식탁에도, 가방에도, TV 옆에도 책이 있다. 손만 뻗으면 책을 잡을 수 있는 사람이 한 자라도 더 읽게 마련이다.

출판사에서 직접 서평 의뢰를 하는 경우가 제일 많지만, 중간에서 서평만 전문적으로 홍보하는 사람도 있다. 처음에는 중간 홍보자를 통해 책을 받았지만, 지금은 거의 출판사와 직접 소통하고 받는 편이다. 그래야 나중에 투고할 때 한 줄이라도 쓸 게 있지 않을까? 자기 출판사 서평을 많이 써준 저자라면 신뢰가 가지 않을까? 출간기획서에 그런 스펙 하나라도 쓸 수 있으면 감사한 일이다. 어떤 일이든 작은 기회라도 만들어 보면 좋겠다. 이 책의 독자라면 책에 진심을 가졌으리라 추측된다. 그렇다면 서평 쓰기를 배워보면 좋겠다. 아니 배우지 않더라도 책을 많이 읽고 서평을 써보는 것은 어떨까? 서평이라고 말하지만, 참 다양한 글쓰기가 있다. 리뷰, 서평, 감상문, 독후감 등 다양한 이름이 존재한다. 자세히 나누어 보면 나름대로 특징이 있겠지만, 깊이 생각하지 않아도 좋다. 그냥 좋았던 구절을 필사하고, 자신의 느낌만 조금 더해도 되니 자주 블로그에 올려보면 좋겠다.

도서 인플루언서가 되기 위해 여러 번 재수했다는 이웃도 많이 봤다. 그분들이 비법을 물어보기도 하는데, 나는 이유를 정확하게 알려줄 수가 없다. 네이버 광고 수익, 애드포스트도 이메일 제안을 받고 신청했다. 인플루언서도 이웃들이 도전하길래, 필요하겠다 싶어 냈다가 한 번에 합격했다. 여러 번 실패했다면 제대로 방법을 알려줄 테지만 한 번에 성공하고 나니 알려

줄 만한 것이 없는 모순이 생겨버렸다. 만약 그게 정말 궁금하다고 하면 딱 하나 알려줄 비법이 있긴 하다. 바로 꾸준히 매일 쓰라는 말을 해주고 싶다. 그리고 하나의 아이템으로 써야 한다고 이야기할 것이다. 지금은 에세이, 정보 글, 광고 글, 도서 리뷰 등 다양한 올리기를 하지만 도서 인플루언서에 도전할 때는 딱 2가지 카테고리로 쓰고 있었다. '책 서평'과 책과 관련된 '생각 정리'였다. 책에서 시작하여 책으로 끝난다고 봐도 무방하다.

인플루언서가 되면 키워드 검색에서 아주 유리한 혜택을 받는다. 같은 책을 검색해도 인플루언서가 서평한 포스팅이 가장 위에 뜨기 때문에 조회 수에서 많은 이득을 본다. 조회 수가 높아진 글은 그만큼 노출 빈도가 올라가기 때문에 선순환이 이루어지는 것이다. 조회 수가 많은 블로그는 브랜딩에 무척이나 중요하다. 지금은 이력서보다 블로그, 인스타그램을 통해 상대를 평가한다고 할 정도이다. 나만의 명함이 되는 셈이다. 자신만의 주제를 잘 정하는 것, 그 주제를 일관되게 쓰는 것, 꾸준히 올리고 노출하는 것. 비결은 그것밖에 없다고 생각한다.

도서 인플루언서에게 있어서 가장 중요한 덕목은 단연 책이다. 책을 얼마나 많이 읽고 풀어내느냐가 핵심이다. 책을 읽고 정리, 설명, 자기 생각 추가 등을 통해 이웃들에게 책 선정, 줄거리, 핵심 파악 등에 도움을 준다. 책을 리뷰한다는 것은 또 다른 즐거움을 안겨주는 작업이다. 누군가 나의 리뷰를 통해 책을 이해하기도 하고, 다른 관점으로 접근할 수 있도록 돕기도 한다. 생각보다 책임감을 요구하는 작업임에 틀림 없다. 블로그를 시작하고 독서 분량으로 목표를 잡았다. 일 년에 50권 읽기. 목표 달성 후 욕심이 조금 앞서서 다음 해에는 두 배로 올려 100권으로 잡았다. 첫 책을 계약하고 퇴고하느라 실패했지만 90권 이상 읽었다. 책 쓰기도 만만치 않은 작업이라 나름 선방했다고 생각한다. 올해도 100권 읽기에 도전 중이다. 블로그에 약 270권의 리뷰가 쌓여가고 있다. 지금은 독서 앱을 활용해서 두께를 늘려가는 작업을 하고 있다. 읽는 권수도 중요하지만 얼마나 많은 페이지를 읽느냐에 초점을 두는 것이다. 읽었던 책을 다시 읽어도, 다시 읽는 양은 계속 증가하는 것이다. 매년 내 키만큼의 책을 읽는 목표도 세워두었다. 꿈의 도서관에서 서평 쓰기 프로그램을 시작한 이유이기도 하다.

도서 인플루언서 팬 맺기도 생각보다 많이 늘었는데, 숫자로 보이는 팬, 팔로워, 이웃의 숫자가 출판사 계약에 상당한 영향을 끼치는 것이 사실이다. 출판사도 책을 팔아야 돈이 되기 때문에 마케팅에서 작가의 브랜드 인지도가 가장 중요하다. 혹시라도 책을 내고자 하는 분들은 인플루언서 타이틀을 꼭 얻으라 조언하고 싶다. 그리고 조회 수를 올릴만한 이웃과 팬도 늘려야 한다. 가장 중요한 점은 남들이 읽을 만한 글을 써야 한다는 것이다. 어디에 올라온 것들을 퍼다 날라서는 진정한 조회 수를 올리기 쉽지 않다. 책을 투고할 때는 매일 조회 수가 1,000회가 넘어가고 있었다. 아마도 출판사에서 이 점을 중요하게 보지 않았나 싶다.

실패해야 성공의 방법도 알 수 있다. 인생에서 실패는 이토록 성장의 또 다른 이름이다. 실패를 한 사람만이 자신의 이야기를 만들 수 있다. 실패는 언제나 힘들겠지만, 나중에는 남을 가르치는 소중한 자산이 된다. 실패는 영원한 오점이 아닌 멋진 미래의 비료가 된다. '자기 잘난 체'라고 생각할지도 모르겠다. 고난이 없는 이야기는 재수 없는 글이 된다. 적당한 고난과 실패가 소화되면 글이 된다. 나의 역사가 된다. 기억에 오래 남아 멋진 스토리가 된다. 우리 사업에서 하는 말이 있다. '리더의 과거는 처절할수록 아름답다.'이다. 소설 쓰기에서 비슷한 말이 있다. 불우한 어린 시절은 소설의 재료가 된다고 한다. 실패를 아름다운 과정으로 받아들인다면 못 해낼 것이 없다.

성공을 얻고 싶다면 수많은 실패를 딛고 성공한 사람을 찾아야 한다. 실패를 반복한 사람은 하지 말아야 할 것을 분명하게 안다. 성공만 했다면 자신만의 방법 외에는 알려줄 것이 없기 때문이다. 또 하나, 출판 성공의 비결이 무엇인지 하나를 찾았다면 그것은 꾸준함이다. 이것은 블로그를 해서 얻은 것이 아니다. 오랫동안 수많은 일의 실패에서 얻은 교훈이다. 남들이 포기할 때 넘어가는 꾸준함! 어차피 성공은 경쟁이다. 누군가와 싸워 이긴다기보다 남보다 특별해야 한다는 말이다. 눈에 들기 위해서는 남보다 한발 나서야 한다. 남들이 힘들고 지칠 때 한발 나서는 힘이 일등을 만들고 특별한 점을 만들어 낸다. 지치지 않고 꾸준히 하는 힘은 체력이고 꾸준함이다. 체력을 관리한다는 것은 어디에서나 공통으로 적용되는 성공 원리 중의 하나이다.

카카오 브런치 작가

　나는 브런치에 많은 글을 올리진 않는다. 좀 더 정제된 글을 선별해서 올리는 편이다. 아무래도 블로그가 더 친숙하고 이웃들도 많아서 여러모로 유용하다. 하지만 브런치는 그만한 특색이 있다. 아무나 글을 쓸 수 없다는 점이다. 작가로 인정받은 사람만이 글을 쓸 수 있다는 점이 매력 포인트이다. 읽는 것은 아무나 할 수 있지만, 작가 타이틀을 얻어야 쓸 수 있다. 나중에 안 사실이지만, 작가 신청을 올리면 다른 사이트에 올린 글까지 심사해서 인정한다고 하니, 블로그에 글을 잘 올려두면 상당히 혜택을 받는다. 브런치의 가장 큰 특징은 출판사와 협업으로 브런치 북을 만들어 준다는 점이다. 잘 만들어진 브런치 북으로 종이책 내는 꿈을 이룰 수 있다. 이 점 때문에 브런치 작가 신청을 하게 되었다. 객관적으로 인정받을 수 있는 아주 좋은 기회가 브런치이다. 초보 작가들이 해볼 만한 공간이다.

브런치는 처음으로 내게 작가라는 타이틀을 안겨준 매개체이다. 그전에는 블로거, 도서 인플루언서가 된 것만으로도 잘했다고 생각했다. 몇몇 블로그 이웃이 브런치 작가라는 사실을 알고 조심스럽게 들어가 보았다. 뭔가 깔끔한 느낌의 하얀색 페이지가 '여기는 디지털책이야'라고 말하는 것만 같았다. 브런치를 하는 사람들은 정말 글을 잘 쓰는 사람의 영역이라 생각했다. 글 잘 쓰는 이웃들의 글만 조용히 들어가서 보고 오곤 했다. 다른 세계의 글쓰기 플랫폼으로 느껴져서 도전할 엄두도 내지 못했다.

책을 내고 싶은 마음이 생겨날 때 출간 계약에 성공한 이웃에게 만나고 싶다는 제안을 했다. 책을 내기 위해 뭐부터 시작해야 하는지 물었다. 그때 처음으로 제안받은 것이 브런치였다. 본인도 블로그에 글을 쓰다가 브런치에 쓰고 있다고 했다. '브런치는 블로그보다 출판사 친화적이라 가끔 편집자로부터 먼저 제안이 오기도 한다. 자신의 글력을 인정받을 수도 있으니 브런치에 먼저 도전해 보라.' 아직도 한참 모자란 실력이란 걸 알면서도 도전했다. 어차피 돈 드는 일도 아닌데 하지 않을 이유가 없었다. 검색하고 찾아보니 매년 브런치에서 작가들을 발굴하기도 하고 그 글을 보고 출판사에서 직접 연락이 오는 경우도 많았다. 실제로 출판사 편집자는 브런치를 강력히 추천하고 있었다.

브런치에 회원가입을 하고 작가 신청을 했다. '샘플 글을 업로드하라' 해서 블로그에 쓴 글을 올리고 그동안 꾸준히 써온 블로그를 소개했다. 브런치는 한 번에 통과되기 쉽지 않다는 이웃의 글을 접하며 쉽게 통과되지는 않을 거라 생각했다. 일주일 만에 합격했다는 메시지를 받았다. 해보지도 않고 너무 두려워했는지도 모르겠다. 브런치 별거 아니라는 생각도 들었다. 나 같은 글쓰기 초보가 된다면, 누구나 브런치 작가가 되지 않겠는가? 좀 특별한 사람만 되는 건 줄 알았는데 역시 도전만이 답이었다. 의외로 주변에서는 축하 메시지를 많이 보내주셨는데 그중에서 "저는 이번에 세 번째 탈락입니다. 대단하세요!"라는 메시지도 보였다. 이게 그렇게 어려운 일인가? 내 글솜씨가 좀 나아진 건가? 아직도 브런치 작가가 되는 것은 잘 모르겠다. 꾸준함만이 답이라 생각한다.

블로그에 올린 글 중에서 브런치와 성격이 맞는 글을 선정하여 브런치에 올리고 있다. 블로그에 올리는 글은 매일 급하게 쓰는 편이라 오타도 있고 문장이 어색하기도 하다. 최대한 노력은 하지만 30분에서 1시간 이내에 써야 하기에 완벽할 수 없음을 스스로 인정하는 수준이다. 그래도 브런치에 옮길 때는 더 완성도를 내려고 애쓴다. 블로그처럼 매일 쓰는 게 아니라 다듬을 수 있는 여유가 있어 좋다. 블로그는 편히게 일상이나 느낀 점, 생각들을 다룬다. 반면 브런치는 더 신경 써서 다듬고 수정하며 신경을 쓰는 편이다.

이웃분 중에는 나보다 먼저 브런치 작가로 활동하고 계신 분도 있었고, 의외로 도전하고 계신 분들도 많았다. 이과생인 나의 브런치 작가 성취가 많은 분에게 도전 의식을 심어준 듯 보였다. 실제로 이런 이야기도 주변에서 들렸다.

"이과가 글도 쓰시네요."

웃자고 하는 이야기지만, 사실 자기 계발 글 외에도 따뜻한 에세이를 써 보고 싶은 욕심도 있다. 글쓰기라고는 어렸을 때 백일장에 몇 번 내 본 것 외에는 써 본 적이 없다. 초등 4학년 때 최우수상 한번 받은 기억이 유일하다. 글쓰기에 진정성을 보이는 현재의 내 모습을 보면 스스로도 놀랍다. 인간은 누구나 자신을 안다고 생각하지만 절대 그렇지 않다. 자신도 모르는 능력과 소질을 보유하고 있을지도 모른다. 능력이 다소 부족하더라도 도전하고 훈련하면 어느 정도 이룰 수 있다. 매일 쓰며 생각하고 훈련하면 문학까지는 아니더라도 자신만의 이야기는 쓸 수 있다.

브런치 작가가 되고 기쁜 마음으로 시작한 지 벌써 1년이란 시간이 지났다. 블로그만큼 많은 글이 있는 건 아니지만 2개의 브런치 북도 만들고 나름 신경을 쓰며 가꾸어 가는 중이다. 아무래도 블로그보다 브런치에서는 반응이 신통치 않고 소통하는 이웃이 별로 없어 자기만족으로 관리하는 편이다. 브런치는 나에게 두 번째, 아니 세 번째 플랫폼일 수밖에 없다. 그래도 언젠가는 블로그보다 브런치에 진정성을 보일지도 모른다.

바빠서 제대로 들어가지 못한 브런치에 글을 하나 올렸다. 블로그에서 적은 글을 다시 옮기고, 다듬고, 약간 내용을 추가했다. 다음 날 브런치 앱에 다시 접속했다. 하루 만에 조회 수 1,000이라는 알람이 눈에 들어왔다. 이게 뭔가 싶었는데, 어제 올린 글의 조회 수가 폭발적으로 증가해 있는 것이 아닌가? 한 번도 이런 조회 수를 본 적이 없는데 참 신기하다는 생각을 하며 뭐가 좋았을까 생각해 본다. 독자들이 원하는 글이 무엇일까? 작가는 다른 사람들이 공감하는 글을 써야 한다. 글은 돈과 교환되어야 한다는 어떤 작가님의 말씀이 떠오른다. 혼자 보는 일기가 아니라면 조회 수는 나를 판가름하는 중요한 잣대이자 채찍인 셈이다. 블로그도 브런치도 그런 점에서 나의 스승이다. 나 자신을 재촉하고 피드백시킨다. 진정한 글쓰기를 하고 싶다면 남들이 보는 공간에 글을 써야 한다. 그래야 발전이란 것도 경험한다.

PART

2

독서를
통한 성장

01

독서가 필요한 시대

시장 조사 전문 기업이 전국 만 19세~59세 성인 남녀 1,000명을 대상으로 조사한 결과 독서 문화 전반의 침체가 심화되고 있는 것으로 나타났다. 최근 1년 기준 독서 경험만 살펴보면 전체 88.2%로 높은 수준이지만 내실은 빈약하다. 최근 1년 기준 독서량 평균 2~3권이 27.1%, 4~5권은 17%에 그쳤다. 거의 한 권 정도 수준에 그친다는 말이다. 왜 이런 일이 벌어질까? 그들이 주로 접하는 매체는 책보다는 짧은 포스팅이나 동영상으로 이것에 익숙하기 때문이다. 독서보다 인터넷을 통한 정보 습득이 더 도움이 된다는 인식은 2016년 31.5%에서 2022년 34%로 증가 추세이다. 스마트폰의 대중화가 독서 인구 비율과 읽는 시간을 빼앗는다는 결과를 보여주고 있다. 우리에게 가장 익숙한 문명이 디지털이라 어쩔 수 없으리라. 빨리 전달하려다 보니 과정은 부실하고 결과만 가득하다. 독서는 결과를 얻기 위한 수단이자, 결과가 나오는 과정을 통해 통찰력을 기르는 수단이다. 짧은 영상이나 포스팅만으로는 자신의 깊이를 더하기 어렵다. 원하는 결과를 쉽게 얻으면 깊이 생각할 이유가 없어진다.

전자책의 비중도 높아지고 있다고는 하지만, 전체 독서 인구 증가에는 큰 역할을 하지 못한다. 많은 사람이 책을 읽어야 한다는 것에 공감하면서도, 실제 읽는 것에는 왜 취약해질까? 한 시간 정도의 강의를 만드는 데 책 한 권 분량의 정보가 필요하다고 한다. 정보를 얻는다는 관점으로만 보면 강의 동영상이 만만치 않은 정보를 준다는 것은 맞는 표현이다. 하지만 한 시간만에 우리 뇌가 받아들일 수 있는 정보의 양은 얼마나 될까? 책을 읽으면서 단어의 의미와 문장을 반복하며 사색하고 되새겨 보는 시간이 얼마나 중요할까?

지금은 정보가 부족한 시대가 아니다. 생각하고 연결하고 창의적인 개념을 만들어 내는 것이 중요한 시대이다. 과거 2000년 전 사람에 비해 정보량은 수백 배 커졌지만, 그들보다 우리가 더 지혜롭다고 할 수 없는 이유는 생각의 크기이다. 수천 년 전에 살았던 사람들의 철학과 지혜를 지금도 배우고 생활에 적용한다. 정보보다는 인문학이 중요한 이유를 여기서 찾아볼 수 있다.

나는 업무상 메모와 사진, 영상을 많이 찍어두는 편이다. 그러면서 알게 된 사실은 사진과 영상은 검색이 참 어렵다는 점이다. 한 번에 많은 것을 넣을 수 있어서 너무 좋은 매체기는 하다. 사진 한 장은 글로 표현하지 못하는 많은 것을 담아낼 수 있다. 그래서 사진을 매우 좋아하지만, 검색이나 개념화라는 작업에는 매우 취약하다. 사진을 찍거나 감상했을 때 생각과 느낌을 잡아둘 수는 없다. 이것은 사진의 장점이자 단점으로 작용한다. 동영상 역시 마찬가지라서 내가 나중에 사용해야 하는 개념은 글로 남겨야 한다. 영상을 만들기 위해서는 상당한 비용과 시간이 필요하므로 쉽게 담아내는 데 한계가 있다. 교육 영상들은 전달 면에서 우수하지만 있는 그대로 받아들이다 보니 생각하는 능력을 책만큼 사용하기 어렵다.

독서는 생각하는 능력이다. 책을 읽는다는 것, 글을 쓴다는 것은 엄청나게 뇌를 사용하는 일이다. 텍스트를 이미지와 영상으로 바꿔 뇌 속에 의미를 만들어 내고 분류하고 저장하는 일련의 과정이다. 독서를 통해 뇌의 전 부분을 사용하여 이해하는 과정이 반복적이고 연속적으로 이루어진다. 인지력, 이해력, 말하기 능력까지 사용하기 때문에 뇌 발달에 중요한 능력이다. 따라서 스마트폰보다 책을 활용하는 것이 훨씬 깊은 사고를 할 수 있다. 독서하는 과정 자체는 학습의 과정을 거쳐 연습되는 행위이다. 그만큼 많은 집중력을 요구한다. 이러한 깊은 사고를 통해 핵심을 파악하고 새롭게 사고하는 사람이 창의성 있는 사람이다. 독서는 그것을 가능하게 만들어 준다.

현재 우리는 소리 내지 않는 독서에 익숙하지만, 소리를 내어 읽는 과정은 보고, 듣고, 말하고, 생각하는 다양한 감각을 자극하는 행위이다. 인류는 오랜 시간 다양한 감각기관을 자극하는 독서법을 운영했다. 아우구스티누스 시대에는 말없이 정독하는 독서 방법이 이상한 행위였다. 당시에는 소리 내어 읽는 것이 일반적이었다. 소리 없이 읽을 수 있다는 것은 충격적인 사건이었다. 문자는 소리의 기호로 인식했기 때문에 소리와 분리된 읽기는 이해하기 어려운 일이었다. 구두점은 7세기 이후에 정리되었다. 세미콜론도 비슷한 시기에 사용되기 시작했다. 10세기 무렵부터는 소리 없는 독서를 위해 다양한 방법이 시도되었다. 이로써 단어는 발음하는 데 시간을 빼앗기지 않고 은밀한 공간에 존재할 수 있게 되었다. 그리고 단어가 주는 의미를 음미할 시간적 여유를 가지게 되었다. 이에 따라 독서는 개인의 소유물이 되고, 개인의 지식이 되었다.

독서는 책에서 사고와 문장과 이미지를 취한 뒤 그것을 오래 전부터 머릿속에 담고 있던 다른 텍스트로부터 정제하고 또 다른 사고나 이미지와 연결시킨다. 또한 독서가 자신의 독특한 사상을 곁들여서 사실상 전혀 새로운 텍스트를 창조해 내는 것이다. 그래서 글쓰기는 매우 중요한 '생각하기'의 하나가 된다. 오래전에는 책을 기억의 보조 수단쯤으로 생각했다. 소크라테스마저도 책 없이 기억력만으로도 가능하다고 보았다. 책을 통해서 기억력에 의존해야 했던 것들이 효과적으로 전달될 수 있게 되었다. 책을 통해 우리는 소크라테스와 플라톤의 기억을 더듬어 갈 수 있다.

책과 친해지는 환경

　많은 사람이 100권에 도전하는 나를 보고 책을 많이 읽는다고 생각한다. 평균 통계치에 비교하면 적지 않는 책이기는 하다. 읽은 책을 정리하거나 메모하지 않아서 정확히는 모르지만, 1,000권 정도는 읽지 않았을까 생각해 본다. 지금 집에 있는 책을 세어 본 적이 있다. 책장 한 칸에 20권 정도 들어가니까, 몇 칸인지 세어보면 대강 몇 권인지 알 수 있었다. 약 500권 정도 된다. 아이가 읽고 있는 만화 인문 고전, 인물 책까지 합치면 숫자는 더 많아진다. 아이의 책을 합치는 이유는 나도 종종 읽어 내고 있기 때문이다. 최근에는 30% 정도 전자책을 읽고 있으니 소장 책만으로 더하기가 쉽지 않다. 분야도 매우 다양하다. 건강, 한의학, 영양학, 자기 계발, 심리학, 철학, 소설, 에세이, 많지는 않지만 문학 등 매우 다양하다. 미술이나 음악 분야의 책은 상대적으로 아주 부족한 편이긴 하다.

지금은 사라진 책들도 많으니 정확하게 숫자를 셀 수는 없다. 어쨌든 그 책들이 모여 내 삶에 상당한 영향을 주었다. 사람은 책을 만들고 책은 사람을 만든다는 말이 있듯이, 책은 나를 만들었음에 틀림이 없다. 그리고 나는 책을 통해 브랜딩해 볼 결단을 했다. 책은 나에게 지식과 상상력, 생각하는 힘, 질문하는 수준, 세상을 바라보는 관점, 사람과의 관계, 멘탈을 유지하는 법에 대해 알려주었다. 책은 사업을 키우는 데 상당한 힘이 되었고, 책 자체가 사업 아이템이 되었다.

책과 본격적으로 친해진 계기는 중학교 2학년으로 기억한다. 그때 국어 선생님께 급한 사정이 생겨 다른 학년을 가르치던 선생님께서 임시로 수업에 들어오셨다. 원래 우리 반 국어 선생님은 40대로 기억된다. 반면 임시로 수업에 오신 분은 20대 후반쯤의 젊은 선생님이었다. 남자 중학교에서 20대 여선생님은 존재만으로도 인기가 대단하다. 뜻밖의 여선생님 수업에 분위기는 상당히 고조되었다. 나는 대학 때 보습학원에서 중학교 2학년을 가르쳐 본 적이 있는데, 얼마나 통제하기가 어려운지 모른다. 다시는 중학교 수업은 들어가지 않으리라 다짐할 정도였다. 그런데 그때 남자아이들만 모인 중학교 2학년 교실이 어떠했을지 지금 상상해도 아찔하다.

수업에 들어오신 선생님도 갑자기 들어온 터라 진도 나가기도 모호하다며 문학 이야기나 하자고 하셨다. 잘 기억은 나지 않지만 《어린 왕자》와 《수레바퀴 밑에서》 등 문학에 관한 이야기를 해 주셨던 것 같다. 문학은 멀게만 느껴졌지만 제목 정도는 알고 있었다. 지금도 헤세가 어려운데 그때 《데미안》이라는 소설이 회자되기 시작했다. 우리 반에 들어온 국어 선생님은 갑자기 이런 질문을 하셨다.

"혹시 너희들 중에 《죄와 벌》 읽어본 사람 있어? 작가가 누군지 아는 사람 있어?"

아무도 아는 사람은 없었고, 잠시 적막이 흘렀다.

그때 내 자리는 뒷문 가까이 있었고 선생님은 앞의 창가 쪽에 계셨다. 대각선으로 가장 멀리 있었기 때문에 들리지 않을 거라 생각하고 나지막한 목소리로 중얼거렸다.

그런데 갑자기 선생님의 얼굴이 환하게 변하며,

"누구야? 누가 말했어?"

나는 깜짝 놀라며 손을 들었다.

"뭐라고 했지? 정답이 나온 거 같은데?"

자신 없는 투로 다시 작은 목소리로 대답했다.

"도스토옙스키요……."

"와. 이 반에도 문학을 사랑하는 학생이 있구나! 정답이야. 평소에 책을 많이 읽나 보다. 그 작가를 말한 사람은 네가 처음이다."

갑자기 우쭐해졌다.

다행히도 선생님은 내용을 묻지 않으셨다. 친구들도 대단하다며 부러워했다. 싫지 않았다. 그날 나는 갑자기 문학 소년이 되었다. 이쁜 여선생님에게 인정받은 소년은 문학작품의 세계에 발을 들여놓기로 했다. 작은 사건이 인생의 방향을 바꾸곤 한다.

사실 나는 《죄와 벌》을 읽어본 적이 없다. 그럼 어떻게 알았을까? 당시 우리 집에는 금성출판사에서 나온 60여 권의 '세계 문학 전집'(?)이 있었다. 오른쪽으로 넘기는 책으로 세로 읽기 책이었다. 요즘은 세로 읽기 책을 보기 어렵지만, 예전에는 그런 책이 많았다. 학생을 위한 주니어용 책임에도 성인들이 읽기에 좋았다. 방에 들어서면 바로 그 책들이 눈에 들어왔다. 적당히 한자와 어우러진 제목은 어느 순간 내 기억에 자리 잡았다. 덕분에 웬만한 책은 작가가 누구인지 입에서 금방 나올 정도는 되었으니, 수업 시간에 나도 모르게 이름이 튀어나온 것이다. 제목과 작가만 알아도 어디 나가서 아는 척하기 딱 좋았다.

그 《죄와 벌》 사건 이후로 문학에 대해 관심을 갖기 시작했다. 아는 척을 한 만큼 읽지 않으면 안 되었다. 묻는 사람도 없겠지만 혹시나 누군가 물어보면 적당히 대답은 해야 할 것 같았다. 중학교 때 고전 문학 읽기의 세계로 빠져들었다. 책이든 영화든 우리에게 남는 것은 내용이 아니라 읽으면서 느낀 감동인가 보다. 그런 마음의 변화가 우리 삶을 풍족하게 해주는 것이 아닐까? 아무런 기본 지식도 없이 톨스토이 같은 대문호의 문학을 읽었던 기억은 지금도 새롭다. 그런데 이후로 고전을 손 댈 기회가 없었다. 얼마 전 '셰익스피어의 3대 비극도 모르는 신세대'라는 기사를 보았다. 로미오와 줄리엣이 비극 중 하나라고 믿는 10대들이 많다고 들었다. 문학과 멀어지는 10대들의 기사를 읽으며 나의 학창 시절은 그래도 나았다는 자평을 했다. 언제든 시간이 허락하면 다시 문학을 가까이해야겠다는 생각이 든다. 다행히도 지금 꿈의 도서관에서 진행하고 있는 독서 토론에서 문학을 다루고 있어 조금씩 읽을 것으로 예상된다. 그때는 이런 고전이 왜 그렇게 좋았는지 모르지만, 나름 오랫동안 기억에 남는 경험이다.

중학교 때 경험으로 문학이 좋아졌다면, 고등학교 선생님 때문에 시가 좋아진 기억도 있다. 대입 시험이 최대 목적이던 고등학교 시절 틈틈이 시집을 읽어주시던 국어 담임 선생님도 기억난다. 한 손에 시집을 둥글게 말아 잡고 교과서에 없는 시들을 읽어주셨다. 지금은 세상에 안 계시지만, 시집을 잡은 모습도, 목소리도, 그 외모도 좋아 보였던 시절이 있었다. 사람이 좋으면 그가 보는 책도, 읽는 모습과 자세도 닮고 싶어진다. 책은 지금도 문고본이 더 편하다. 책상에서 읽는 양장본보다는 가지고 다니며 전철에서 한 손으로 쥐고 읽을 수 있는 책이 좋다. 어떤 선생님을 만나고, 선생님과 어떤 교감을 만드는가에 따라 좋아하는 과목, 읽고 싶은 책도 결정이 나곤 한다. 나는 훗날 아이들이 읽을 책이라고 가정하며 책을 구매한다. 눈에 자주 보이던 제목의 책이 가장 익숙하게 손에 들 책이기 때문이다. 그래서 학창 시절 자주 접했던 책이 중요하다.

내가 전자책이 편하다고 느끼면서도 종이책을 구매하는 이유이다. 전자책은 정리할 필요가 없어서 좋지만, 눈에 보이지 않는 장점이 가장 큰 단점이 되곤 한다. 내가 학창 시절에 그랬듯 잘 보이는 곳에 책이 많아야 한다고 믿는다. 부모가 책을 읽는 긍정적 모습을 보여주는 것은 아이들 미래에 중요하다. 내가 아니더라도 책 읽는 환경과 사람 속에 두는 것은 무척이나 효과가 있다. 창업한 꿈의 도서관에서 운영하는 독서 토론에 우리 초등생 아이들을 계속 넣어두는 이유이다. 놀아도 거기서 논다면 최소한 제목이라도 알고 가지 않겠는가? 그 제목이 인연이 되어 문학세계에 빠져들고, 다른 책으로 연결될지 알 수 없다.

독서 환경을 만들어 주는 것 중에 가장 중요한 것은 부모가 책을 읽어야 한다는 점이다. 읽어야 하는데 못 읽는 것과 읽고 싶지 않아서 읽지 않는 것은 차이가 크다. 부모가 읽는 모습을 보인다면 아이들은 책임감처럼 마음에 남아 있다. 언젠가 때가 되면 읽어낼 것이다. 부모가 책을 통해 성장하고 성공하는 모습을 보여준다면 어느 자녀가 따라 하지 않을까? 부모가 보여주지 않는 것은 강요가 될 수밖에 없다. 강제로 읽는 책은 고통과 다름없다.

03

독서로 인생을 바꾼다

사람들은 책을 통해 자신의 인생을 바꿀 수 있다고 생각한다. 나도 이 생각에 적극적으로 공감하며, 같은 과정을 걷고 있다. 하지만 대부분은 동감만 하지 실제 경험하지 못한다. 이유는 무엇일까? 누군가가 한 분야에서 성공을 거두었다면 그는 그 방법을 다른 사람에게 가르칠 수 있다고 생각한다. 만약 자신의 성공 노하우를 100% 모두 가르칠 수 있다면 얼마나 좋을까? 보통은 자기 경험을 말이나 글로 정리하여 사람들에게 알려 줄 것이다. 우리는 그것을 개념화했다고 말한다. 자신의 직감, 느낌, 경험을 글로 모두 표현할 수 있다고 생각하는 것에서 오류는 시작된다. 그리고 배우는 사람은 모든 것을 알려줄 것이라고 의심치 않는다. 하지만 성공은 말과 글로 모두 표현할 수 없다. 성공은 실제 세계에 존재하는 직감이나 통찰력 같은 것으로 존재하기 때문이다. 만약 글이나 말로 완전히 개념화시킬 수 있다면 학교에 모범생이 성공자로 남아 있을지도 모른다.

성공자들은 개념화시킬 수 있는 것들만 글로 책을 만들어 낸다. 우리는 책을 읽은 것을 실제 행동으로 현실 세계에 적용해 보지 않으면 완전한 통찰력을 얻을 수 없다. 그것은 한 번의 행동으로 이루어지는 것도 아니다. 설령 책을 수없이 읽었더라도 임계점을 돌파할 만한 반복과 실패 속에서 자신의 직감을 가다듬어야 하는 과정이 필요하다. 임계점이란 남들이 쉽게 포기하는 지점을 말한다. 결국, 행동하지 않으면 성공의 임계점을 경험할 수 없다. 책이 가지는 한계라고 생각해도 좋다. 책은 우리를 훈련할 수 없다. 성공은 훈련의 과정이지 독서의 과정은 아니기 때문이다. 그런데도 성공자들은 책을 꾸준히 읽는다. 직감을 가다듬고, 영감을 얻고, 훈련해야 할 것을 찾는 과정이 독서이다. 사람의 감각은 오류가 생기고, 금방 퇴화하기도 한다. 정체 시기가 길어지면 감각은 쉽게 무뎌진다. 그래서 책을 통해 자신을 민감하게 만든다.

한 명의 저자가 쓴 책은 그 저자만이 생각을 개념화한 결과이다. 저자가 100%를 가지고 있더라도 20% 정도만 글로 표현할 수 있다는 이야기이다. 극단적으로 표현하면 나의 성공에 20% 정도만 도움을 줄 수도 있다. 더구나 훈련하고 행동하지 않으면 5%도 채 남지 않는다. 따라서 다양한 저자의 많은 책을 읽어야 100% 가까운 정보를 얻을 수 있다. 한 분야에서 성공하고 싶으면 관련 서적 20권은 읽으라는 말이 괜히 나온 게 아니다. 어떤 이는 100권을 읽으라고 한다. 그리고 그것을 제대로 행동에 옮길 때 최대한 나의 것으로 만들 수 있다. 우리는 책을 읽어 성공하는 것이 아니라, 행동해서 성공하는 것이다.

가장 좋은 방법은 책을 읽고 성공자 자체를 따라다니면서 그가 글로 다 표현하지 못한 그대로를 모두 직감 형태로 배우는 것이다. 책 읽는 것보다 곁에 성공자를 두는 것이 더 효과적이다. 글자 하나 모르는 사람이 성공하는 이유는 여기에 있다. 성공은 가만히 앉아서 읽는 것이 아니라 행동을 통해 그대로 복제하는 데 있기 때문이다. 어쩌면 책을 가까이하기보다는 책 읽는 사람을 가까이해야 한다는 것이 맞는 표현일지도 모른다. 하지만 성공자는 너무나 바쁘고 우리와 함께할 마음조차도 없다. 그래서 그들이 나름 표현해 둔 책을 통해 배워야 한다. 그들이 개념화시키지 못한 것은 우리로서는 배울 수 없다. 그 한계를 인정하면서 우리는 배워야 한다.

책을 통해 끊임없이 의문을 가지고 질문을 던질 줄 알아야 한다. 저자가 미처 생각하지 못했던 부분을 알아내야 한다. 책에서는 질문할 수 없으니 스스로 생각하고 관련 책을 다시 찾아야 한다. 인생을 바꾸는 책 읽기는 이처럼 질문에 답하면서 꾸준히 이어지는 과정이다. 그래서 읽어야 할 책이 점차 늘어나는 것을 경험한다. 그러다 보니 읽지 못한 책을 구매해서 쌓아놓기 일쑤이다. 대강 어떤 내용인지 짐작이 가지만 막상 읽어보면 또다른 질문과 영감을 얻는다. 이런 과정을 거치며 생각의 깊이를 더하고 사고를 확장하면 훈련해야 할 것이 무엇인지 찾아낼 수 있다.

독서는 인생을 변화시킬 힘이 있지만, 그것만으로는 안 된다. 그래서 독서와 행동은 병행되어야 한다. 이 책을 쓰는 이유도 여기에 있다. 독서를 브랜딩에 이용하고, 다른 사업에 연결하는 일을 통해 성장하고 발전하기를 바라는 이유이다.

04

독서는 글쓰기가 병행되어야 한다

글쓰기는 독서의 완성이다. 책을 읽고 글을 쓴다는 것은 자기 생각을 표현하는 방법이다. 더불어 책을 가장 잘 기억하는 방법이기도 하다. 유치원 때부터 독후감을 쓰라고 하는 이유가 여기에 있다. 잘 쓰든, 어색하게 쓰든, 글쓰기도 꾸준히 하면 익숙해지는 지점을 맞이하게 된다. 자기 생각, 느낌을 자유자재로 표현하는 것은 말하기와 더불어 자신을 표현하는 중요한 수단이다. 나는 말하기에 어느 정도 자신이 있었는데 글쓰기는 제대로 하지 못했다. 2020년부터 블로그를 통해 글쓰기를 늦게 배웠다.

꿈의 도서관 프로그램에서 필사를 다루는 이유가 독서의 확장 때문이다. 소설 쓰기, 에세이 쓰기에서도 좋은 문장을 필사하라고 한다. 내 손으로 직접 써 본 문장은 다르게 다가올 수밖에 없다. 좋은 문장 하나가 사람의 마음을 움직인다. 블로그 이웃 중에 명언을 포스팅하는 분도 계신다. 가끔 좋은 문장은 캡처해서 가지고 있거나 지인에게 보내기도 한다. 책을 읽고 나면 전체를 다 기억할 수는 없다. 우리가 얻는 것은 느낌과 좋은 문장이다. 좋은 문장을 내 손으로 잘 남겨보면 그것이 남는 것일지도 모른다. 문장력을 강화하는 가장 좋은 방법이 필사이다.

인풋이 들어왔다면 책을 내 방식으로 만들어 보면 좋겠다. 어차피 작가의 시선, 생각, 느낌보다는 읽으면서 내가 받은 지식과 감동이 중요하다. 그것을 글로 잘 표현함으로써 우리는 타인에게 비로소 전달할 수 있다. 자신의 개념으로 정립해야 타인에게 전달할 수 있기 때문이다. 책을 재탄생시키는 작업을 나는 서평이라 말하고 싶다. 그 책을 평가하고 싶지는 않다. 그 책은 저자 나름의 노하우와 기술이 들어가 있을 테니 우리는 잘 활용해서 내 것으로 만들면 된다. 그래서 서평이란 이름보다는 북리뷰라는 이름을 주로 사용한다. 간단히 살펴보고 내 것으로 만든다는 취지에서 그렇게 이름 붙였다.

북리뷰든 서평이든 책을 읽고 정리하는 것은 최고의 글쓰기 연습이다. 서평을 쓰려면 밑줄 긋기부터 요약하기, 포스트잇 붙이기, 필사하기, 생각하기, 연결책 찾아보기 등 다양한 노력이

수반되는 작업이다. 책 한 권을 끝내고 기억으로만 서평을 진행한다면 가장 좋은 글쓰기가 되지 않을까 싶다. 내가 기억하는 그것이 바로 내가 얻은 최고의 문장이자 느낌이기 때문이다. 그래도 기억나지 않는다면 줄 친 부분만 본다. 줄 친 부분을 그대로 베껴 쓰지 말고 내 방식으로 문장을 만들어 보면 글쓰기 실력을 늘릴 수 있다. 비슷하지만 절대 똑같지 않다. 내 느낌이 들어가서 새로운 문장이 탄생한다. 나는 본격적으로 서평을 쓰기 시작한 이후로 내용을 그대로 베껴 쓴 적이 거의 없다. 읽는 책의 저자에게 보내는 나의 자존심이랄까? 절대 똑같이 하지는 않겠다는 나만의 고집이다.

책을 다른 사람에게 요약해서 해설해 줄 수 있다면 가장 완벽하게 책을 이해했다고 볼 수 있다. 따라서 스피치 능력을 향상하는 것은 책을 이해하는 데 필수 항목이 될 수도 있다. 다른 사람에게 말을 할 수 있다는 것은 그 주제에 대해 깊이 생각했다는 것이다. 자기 생각을 이야기할 수 있다는 것은 미래를 이끌어 나갈 수 있는 사람이 된다는 말이기도 하다.

나는 가끔 사람들과 이야기하다가 글의 영감을 얻기도 한다. 자연스럽게 나눈 주제가 사람들과 공감하는 포인트라는 말이다. 읽은 내용을 나누면 무엇을 써야 할지 핵심이 자연스럽게 보인다. 글쓰기란 텍스트를 부드럽게 나열하는 일이지만, 그 안에 공감되는 주제를 담아내는 작업이다. 작가는 편집자이기도 하지만, 정신을 담아내는 사람이다. 기술이 발달하면 워드프로세서의 도움으로 문장은 매끄럽게 만들 수 있다. 하지만 그 안에 담는 콘텐츠는 오로지 작가의 몫이다. 강사는 작가가 되어야 하고, 작가는 강사가 되어야 한다.

글쓰기 방법 중에 자신의 글을 소리 내 읽어보라는 말이 있다. 어색한 부분이 있다면 수정해야 할 필요가 있다. 마음속으로 읽지만, 결국 마음의 소리로 읽어 내지 않는가? 나는 가끔 핸드폰의 음성 받아쓰기 기능으로 글을 쓰곤 한다. '말하듯이 쓴다.'라는 말이 있는 것처럼 말을 자연스럽게 하면 문맥이 매끄럽게 가는 경우가 많다. 글과 말하는 것이 크게 다르지 않을 텐데, 방식이 조금 다르긴 하다. 그래도 말하듯 쓰는 문장은 듣는 사람이 편하고 안정되게 듣는 편이다.

책에서 얻은 것과 나의 경험, 또 다른 지식과 결합하는 과정은 매우 중요하다. 우리가 책을 읽는 궁극적인 목적도 그것이 아니겠는가? 새로운 지식을 탄생시키는 것. 남에게 효율적으로 전달 가능한 지식으로 만들어 내는 것. 그것을 통해 우리는 글쓰기 실력을 확장한다. 그리고 책이 된다. 누군가의 책과 비슷하겠지만, 똑같을 수는 없다. 나만의 포트폴리오가 되고 독창적인 개념이 된다.

05

자기 계발서를 읽어야 하는 이유

이 책의 제목처럼 독서를 통해서 원하는 결과물에 도달하고 브랜딩을 하려면 꼭 필요한 책이 자기 계발서가 아닌가 싶다. 그렇다면 자기 계발 책을 꼭 읽어야 할까? 목표가 무엇인지에 따라 다르지만 나는 꼭 읽어야 하는 것은 아니라고 생각한다. 다만, 세미나에 참석하고 멘토와 같이 행동하고 있다면 말이다. 하지만 시간적, 물리적, 관계적 한계 때문에 멘토와 소통하기 쉽지 않다. 따라서 책으로나마 방법을 얻어 내고 인사이트를 찾아내야 한다. 성공자를 24시간 내 옆에 두는 가장 좋은 방법은 책과 오디오라고 생각한다. 최근에는 동영상의 급발전으로 많은 것을 동영상으로 자세하게 배울 수도 있다.

안타깝게도 사람은 가만히 있으면 잡초처럼 다른 생각들이

자라난다. 우리가 가꾸어야 할 것은 육체만이 아니다. 생각도 온 정성으로 손보지 않으면 금방 잡초가 뒤덮고 만다. 사람이란 가만히 있으면 눕고 싶어지며, 누우면 자고 싶어지는 것이 인지상정이다. 식물이 잘 자라도록 비옥한 환경을 만들어 주듯 성공하려면 주변을 긍정적으로 잘 가꾸어야 한다. 가장 확실한 방법은 성공자와 가장 가까이 있는 것이다. 하지만 여기도 문제가 생긴다. 사람은 우리가 기대하는 것처럼 100% 완벽할 수 없다. 가까이 지내는 동안 기대에 미치지 못하는 면을 보게 되고 실망한다. 실망하면 더는 그를 존경할 수 없다. 인간관계라는 게 다 그렇지 않은가? 아무리 부족한 저자라도 책은 자신의 최고 정수만 뽑아 쓰게 마련이다. 우리가 배워야 할 것은 그 정수라는 점을 생각하면 책이 주는 효과가 어떤 것인지 이해할 수 있을 것이다. 자기 계발 책이 필요한 이유이다.

세상의 지혜는 책으로만 전해 오는 것은 아니다. 종이와 보관의 한계 때문에 보통은 이야기 형식으로 만들어져 전해졌다. 인간이 가진 기억의 한계를 넘어서는 가장 좋은 방법은 이야기였다. 우화나 탈무드 등만 봐도 이야기가 상당히 많이 나온다. 이야기는 인간이 기억하기 좋은 매개체로 책이 보편화되기 전에는 이야기가 매우 중요했다. 이제는 책을 통해 핵심만 저장하고 보관할 수 있게 된 것이다. 최근 들어 종이와 인쇄술의 발달로 인해 책이 대량으로 보급되고 있다. 덕분에 우리는 성공자의 지혜를 세분화해서 가까이 둘 수 있게 되었다. 하지만 책 또한 물리적 한계를 가진다.

자기 계발 책은 지식을 전달하는 것이 목적이 아니다. 많은 이들이 자기 계발 책을 보면 그 내용이 다 그 내용 같다고 한다. 나도 무척 공감하는 부분이다. 하지만 사람이 행동하지 못하는 이유는 몰라서가 아니다. 마음에 결단이 서지 않기 때문이다. 가슴에 불을 댕기는 구절이나 성공자의 삶, 영감을 통해 한발 나아가는 힘을 얻는 것이 자기 계발의 취지이다. 대부분 멜로 소설은 사랑과 이별이다. 그래도 읽는 이유는 다른 느낌을 받기 때문이다. 독서가 비즈니스가 되고 브랜딩이 되려면 자기 계발 서를 가까이 두어야 한다. 최근 자기 계발서는 그 범위가 상당히 확장되었다. 심리학, 철학에 기반을 두고 있기 때문에 당연한 결과이다. 내가 말하는 자기 계발서라는 것은 돈, 마인드, 멘탈만을 이야기하는 것은 아니다.

물론 처음 읽는 사람은 몰랐던 지식을 얻을 수 있겠지만, 그런 지식은 동영상이나 다른 사람의 입을 통해서도 충분히 얻을 수 있다. 그럼 책을 활용해야 하는 이유는 무엇일까? 다른 매체는 내가 능동적으로 켜고 들어가서, 선택해야 한다. 이 과정이 자유자재로 된다면 그는 이미 성공자이다. 책은 펼치는 작은 행위로 원하는 이야기를 줄 수 있다. 내 눈이 닿는 곳에서 존재한다. 내가 의지를 발휘하지 않아도 내 옆에 둘 수 있다. 가장 가까이 두고 매일 동기와 에너지를 얻을 수 있다는 것이다. 자기 자신에게 에너지를 주는 책이 있다면 필요한 순간에 다시 읽어보는 것이다. 다른 사람의 표현이나 방법, 경험에 공감이 간다면 다시 에너지를 얻을 수 있다. 사람은 에너지가 없으면 움직이지 못한다. 엔진이 아무리 훌륭하고 타이어가 최고급이어도 결국 내부에서 태워지는 연료가 필요하다. 자기 계발은 일종의 에너지를 넣는 일이다. 우리는 이미 훌륭한 신체를 가지고 태어났다. 강한 정신력과 타오르는 열정을 가지고 있다. 하지만 환경과 과거의 습관 때문에 움직일 수 있는 에너지가 고갈된 것뿐이다. 그것을 찾아내고 불을 붙이는 것이 자기 계발의 역할이다.

책을 읽지 않아도 자기 계발을 할 수 있다. 그러나 책만큼 좋은 이야기를 해주는 사람이 어디 흔한가? 그래서 독서를 통해 에너지를 얻는 것이다. 더 확실한 방법은 토론하고, 세미나에 참석하고, 멘토와 시간을 보내는 것임을 잊지 않아야 한다. 그래도 아무것도 변하지 않는다고 말한다면, 그것은 배우기만 해서 그렇다. 자기 삶에 주도적으로 적용하고 피드백하며 자기 것으로 만들어야 한다. 자기 계발은 경험의 축적과 변화이지 책이 아니기 때문이다.

언젠가 〈열쇠 도둑의 방법〉이란 일본 영화를 본 기억이 난다. 유해진 배우가 출연한 〈럭키〉라는 영화로 우리나라에서 리메이크되었다. 똑똑한 킬러가 기억상실증으로 과거의 존재를 잃고 백수 청년의 정체성으로 변한다. 하지만 몸에 밴 자세와 태도는 가난하고 무능력한 청년의 캐릭터를 성공으로 끌어낸다. 몸에 밴 무의식적 접근이 많아져야 성공한다고 생각한다. 머리로 생각하고 행동하면 늦어도 한참 늦다. 무의식적 반응이 일어나야 한다. 평소에 훈련을 통해 연습해 두지 않으면 타이밍을 잡을 수 없다. 자기의 환경이 뜻하지 않게 변했지만, 몸에 밴 습관과 사고의 흐름이 부족한 환경에서도 다시 성장으로 나가도록 만들기 때문이다. 사람들은 좋은 환경과 배경이 생기면 성공한다고 생각하지만 절대 그렇지 않다. 그 기회를 어떻게 활용할지, 연습 된 내가 더 중요하다. 지식보다는 장시간 몸에 밴 습관이 나를 이끈다. 행동할 때마다 깊은 생각을 할 수는 없다. 깊은 생각의 끝은 몸이 저절로 움직이게 만드는 습관이다. 나는 그렇게 생각한다.

브라이언 트레이시는 차 안에서 매일 성공자의 오디오를 들었다고 한다. 그리고 매일 책을 읽으며 자신을 돌아봤다고 강의했다. 우리의 무의식의 변화는 의식적인 책 읽기로 금방 변하는 것이 아니다. 꾸준한 반복과 감동적 느낌을 통해 시간을 두고 무의식에 새겨 넣는 과정이다. 오랜 시간 자기 계발에 관심을 가진 나로서는 웬만한 자기 계발서를 읽어도 대단한 지식이

나 아이디어는 없다. 그런데도 읽는 것은 다시 무엇이든 시도해야겠다는 마음이 들기 때문이다. 자기 계발서는 그래서 읽는다. 《생각하라! 그러면 부자가 되리라》도 마찬가지이다. 뻔한 내용이지만 반복과 감탄을 통해 내면으로 들어올 때 점차 자기 것이 되고 마주친 상황에서 다른 방법으로 대응하게 만든다. 수십 년째 힘들면 한 번씩 다시 읽는 이유이다.

누군가 내게 물었다. 어떻게 900일 글쓰기를 할 수 있었는지, 비결을 알려달라고 했다. 비결은 간단하다. 전투적으로 쓰는 것이다. 목표를 정하고 생각을 집중하는 것이다. 누가 그걸 모르겠는가? 하지만 그걸 믿고, 마음속에 매일 다시 떠올리며 나아가도록 상기시키는 것은 자기 계발의 힘이다. 그래서 한 번 일에 성과를 낸 사람이 또 다른 일에도 성과를 내는 것이다. 그것은 그 분야의 지식 때문에 그런 것이 아니라, 그 사람이 변화했기 때문이다.

06

다장르,
다독으로 성장하기

다독이 중요한 이유는 무엇인가? 다양한 분야의 책을 읽는 것이 왜 중요한가? 한 분야만 집중적으로 읽으면 뇌는 그쪽으로 발전한다. 물론 차이가 조금 클 수도 있고, 미미해서 잘 모를 수도 있다. 하지만 자신이 오랫동안 읽어온 분야의 책이 쉬운 것은 사실이다. 다른 분야의 책을 읽을 때 속도가 현저히 떨어진다면 한쪽으로 치우친 독서일 가능성이 크다.

사람도 매일 만나는 사람이 편하고 소통도 잘 되는 것처럼 책도 마찬가지이다. 하지만 한 분야 사람만 만나면 생각의 크기를 확장할 수 없다. 강한 유대 관계는 오랫동안 익숙한 관계이다. 가족, 친구, 직장 사람들을 말한다. 그들은 편할지 모르지만, 정보는 정체되고 만다. 약한 유대 관계란 목적을 가진 사람끼리 어울리는 모임이다. 관계는 약하지만 많은 정보를 주고받기 좋다. 강한 유대 관계에서는 정보가 그들 사이에서만 맴돌다 어느새 다시 내게 돌아온다. 스탠리 밀그램은 그것을 실험으로 증명해 냈다. 중요한 소문이 친구들 사이에서만 갇혀버리는 현상이다. 진정한 네트워커는 커넥터 기질을 발휘하는 사람이다. 폐쇄된 인간관계가 아니 열린 관계로 다양한 사람을 만나는 사람이다. 그런 사람이 정보를 움직인다.

독서도 마찬가지라고 생각한다. 다양한 분야의 책을 읽은 사람이 한 단계 더 높은 지성으로 나아가리라 믿는다. 위대한 과학자도 예술에 전문적 기질을 보였다는 것은 많이 들어보았을 것이다. 한 분야의 전문가보다는 다양한 분야의 전문가가 생각하지 못한 창의적인 분야를 탄생시킬 것이다. 그래서 최근에는 소설, 에세이, 심리학, 철학, 인문학, 고전, 생리학, 건강 등으로 독서를 확장해 보려고 노력 중이다. 업무적인 미팅에서 자기 계발에 철학 분야와 건강 분야를 연결해서 이야기하는 나를 보며 다시 느낀다. 타인에게 낯선 개념을 설명할 때 가장 좋은 방법은 타인이 이해하는 분야로 비유하는 방법이다. 다양한 분야에 대한 지식은 이해도를 높이는 데 많은 영감을 준다.

다독이란 다양한 분야의 책 읽기를 통해 생각의 범위가 확장되는 것이다. 완전히 다른 분야란 없다. 우리가 편의상 범주로 나누어 놓은 것이지 세상은 그 범주대로 움직이지 않기 때문이다. 최근 출간 트렌드도 이를 반영한다. 과학 서적처럼 시작했는데 어느새 위인전처럼 느껴지다가, 금방 추리소설처럼 긴장감을 준다. 이내 철학으로 넘어가기도 한다. 자기 계발 소설, 자기 계발 에세이도 넘쳐난다. 인문학 같은데 에세이가 되기도 한다. 건강이라고 하면 자기 계발하는 사람과 무슨 관계가 있을지 궁금할 것이다. 그런데 의외로 엄청난 연관성이 있다.

다독이 옳은 것만은 아니다. 한 권의 책이라도 완전히 내 것으로 만들 수 있으면 효과적인 독서라 할 수 있다. 그럼에도 불구하고 중요한 이유는 다양한 책을 통해 비슷한 점과 연결점을 찾을 수 있기 때문이다. 다독하는 방법은 여러 가지가 있지만 가장 중요한 것은 많이 읽어 보는 것이고, 시간을 정해서 목표를 가지고 연습해 보는 것이다. 70%만 이해하는 독서를 해도 좋다. 세밀한 것은 대충 넘어가고 중요한 내용에만 집중하는 것이 오히려 기억에 도움이 된다. 명사와 동사 위주로 속도를 높이는 방법도 있다. 독서를 시작하기 전에 사전 정보를 찾아 큰 그림을 그린 후에 읽기 시작하면 더욱 효과적으로 빠르게 읽을 수 있다. 보통의 글은 한 꼭지의 3/4 지점에 가장 중요한 내용이 있다. 중요한 것 먼저 찾아 읽고 부수적인 것들은 무시하며 읽는 것도 하나의 방법이다. 이렇듯 모두 하나하나 자세히 읽기보다는 읽기 전에 미리 계획을 세워 전체적인 주제와 목차, 핵심을 파악한 후 읽어 내려가면 좀 더 빠르게 접근할 수 있다.

군대에서 손 치유에 관한 책을 호기심으로 본 후, 기(氣)에 관심이 생긴 적이 있다. 기라는 것이 우리나라에서는 아주 오랜 역사가 있지만, 현대 과학과는 다소 거리가 있어 보이던 학문이었다. 일주일에 하루, 공부하러 경기도에서 서울로 다니기 시작했다. 우주의 원리와 신체의 원리 등에 대해서 심도 있는 공부를 했다. 일본의 레이키라는 개념도 공부했다. 동양에서는 '기'라는 것이 생활 깊숙이 자리 잡은 개념이라 아주 어렵지는 않았다. 덕분에 건강에 무척 관심을 가지는 계기가 되었다. 우리 신체는 몸과 정신이 따로 떨어진 것이 아니었다. 이 개념은 자기 계발과도 밀접하게 닿아 있다. 정신세계가 얼마나 위대한지, 그 흐름이 어떻게 우주를 움직이는지, 우리 인체와 어떻게 상호작용을 하는지 배웠다. 그 개념은 뇌과학 책과 닿아 있다. 양자물리학과도 이어진다. 생각하는 것이 현실이 된다는 개념은 쉽게 받아들이기 어렵지만 많은 성공자가 어렴풋이 알고 있던 내용이다. 이에 관련된 수많은 책이 이미 시중에 나와 있는 것을 보면 내가 독서로 알았던 내용이 그저 그런 것이 아니었다.

인체의 구조적 기능이 궁금해서 인체에 관련된 책도 많이 구매했다. 각 장기의 특징과 기능을 공부하며 인체가 어찌 그리 신비한지 배웠다. 어느 날 요리 자격증을 공부하던 아들이 위생

학이 어렵다고 한탄했다. 나는 별로 어렵지 않다고 했더니 문제를 풀어보라고 도발하는 게 아닌가? 쉽게 정답을 이야기하자 아들은 깜짝 놀라며 어떻게 이런 걸 다 아느냐고 되물었다. 한때 건강에 심취했던 덕분이다. 인체 구조와 미생물에 관한 약간의 공부만으로도 자격증을 딸 수 있구나 싶었다. 지금도 책장에 건강 관련 책이 상당한 비중을 차지하는 이유이다. 얼마 전에 교통사고로 한의원에 입원했을 때 병원 책장에 같은 책이 꽂혀 있는 것을 보고 놀랐다. 전문가들이 읽는 책을 제대로 선택하고 공부하긴 했나 보다.

건강 공부를 하면서 조금 쌓은 지식 덕분인지 크게 아프지 않고 지금까지 살아왔다는 생각도 해본다. 리더가 관리해야 할 첫 번째가 바로 건강이라고 한다. 건강하지 못한 리더는 아무것도 이끌지 못한다. 내가 지금 하는 일과 건강은 별개일 것 같지만, 아주 밀접한 관계를 맺는다. 내 몸은 소우주라고 한다. 내 몸을 관리하는 것은 주변을 관리하는 것이고 타인과 관계를 만드는 일이기도 하다. 기를 배웠던 원리는 《코스모스》와 《도덕경》을 공부할 때 많은 도움을 받았다. 전혀 상관없는 분야지만, 이어지는 맥락이 존재한다. 어찌 보면 기발한 아이디어일지도 모른다. 기를 공부하다 보면 명상으로 이어지고, 명상은 다시 건강과 연결된다. 성공한 사람은 명상한다는 유행은 건강과 자기계발까지 건너간다. 꼬리에 꼬리를 물어가면서 하나의 큰 흐름이 만들어진다. 다양한 장르의 책을 읽는다는 건 이런 매력이 있다. 나는 이것을 통찰력이라고 말하고 싶다. 건강을 공부한 덕분에 비즈니스에 많은 도움을 받고 있다.

우리는 자주 범주화의 오류에 빠지곤 한다. 정확게 구분하는 것은 일 처리에 중요하지만, 그것을 하나로 연결하는 것은 더 중요하다. 세상은 무 자르듯 명확하게 구분되지 않는다. 분류는 학문적 성격이지만, 세상은 복잡하게 어우러져 있다. 다장르, 다독은 세상을 하나로 묶는 행위이다. 그래야 세상을 더 이해하기 쉬워진다. 사람을 이해하는데 성격을 많이 이용하곤 한다. 음양오행을 공부하면 성격이 오장육부의 건강과 관련 있음을 알게 된다. 병이 사람을 바꾸게 한다. 건강하지 못하면 성격이 변하고, 인간관계에 영향을 미친다. 인간관계는 사업과 성공에 연결된다. 수신제가치국평천하(修身齊家治國平天下)가 얼마나 대단한 말인지 알게 된다. 자기 계발이 단순한 것 같지만, 인간사 모든 것을 담고 있는 이유이다.

최근 관심 분야는 부캐와 퍼스널 브랜딩으로 이어졌다. 본업과는 다른 또 다른 나를 만들어 보기로 했다. 어떻게 해야 할지 목표를 세운 것은 아니다. 분명 본업의 자세와 경험은 어떻게든 다른 나를 만들기에 충분할 거라는 믿음이 조금은 있었던 모양이다. 처음에 블로그는 그냥 책 읽고 정리하는 것이 목적이었다. 몇 권의 퍼스널 브랜딩 책을 통해 그동안 내가 해 온 것들이 자산이 될 수 있음을 알았다. 그렇게 독서를 통해 나를 브랜딩하기 시작했고, 회사를 만들고, 책을 쓰기 시작했다. 다양한 분야의 책을 통해 생각하지 못했던 다른 세계를 접하고 융합하는 일이 벌어지곤 한다.

이처럼 세상의 일은 독단적으로 존재하지 않는다. 독서도 마찬가지이다. 한 분야의 책이 이어지고, 다른 책이 궁금해진다. 책은 인문학, 자기 계발, 심리학, 건강, 철학으로 이어져 다양하게 펼쳐진다. 세상을 이해하는 폭이 커지는 것이 독서의 목적이 되기도 한다. 자기 분야의 책 한 권도 소중하지만, 스펙트럼을 넓히는 일도 이에 못지않게 중요하다고 생각하는 이유이다.

PART

3

블로그를
시작하다

01

블로그는 나만의 메타버스

2020년 블로그를 처음 시작한 건 아니지만, 내게 그렇게 친숙한 매체는 아니었다. 글을 잘 쓰지도 못했고 하고 싶은 이야기도 별로 없었으니 금방 포기해 버렸다. 코로나가 찾아오고 시간을 의미 있게 써보자는 생각으로 블로그를 다시 시작했다. 독서 서평이야 혼자 할 수도 있는데, 남들이 보는 블로그를 선택한 이유가 있다. 바로 공적 글쓰기를 해야겠다는 생각 때문이다. 개인적 일기는 기록이라는 측면 외에는 별로 발전이 없었다. 블로그 글은 나의 글이지만 드러나는 글이다. 누군가 보기 때문에 포커스를 남에게 맞추어야 한다. 읽기 쉽도록 써야 하고, 이해도 높은 단어를 선택해야 한다. 2년 정도 글을 쓰고 나니 사람들에게 술술 읽히는 글이라고 칭찬 받곤 한다. 소설이나 에세이에서는 잘 모르겠지만, 정보전달 글이란 측면에서는 일단 성공했다.

글쓰기는 독서 다음으로 중요한 행위이다. 사람은 제대로 표현하는 법을 배워야 한다. 말하기, 글쓰기는 자신을 표현하는 공적 수단이다. 친구와 수다 떠는 것보다 한 차원 높다. 성공자는 남을 설득하고 이해시키는 힘이 있다. 그 도구가 바로 공적으로 행하는 강의, 글쓰기이다. 글을 수려하게 잘 쓴다는 것을 뜻하지 않는다. 내가 가진 생각을 오해 없이 제대로 전달하는 것은 중요하다. 거기에 감명을 주거나, 느낌을 실어준다면 더없이 좋지 않겠는가? 블로그 쓰기를 한다는 것은 글을 배우는 지름길이다. 누구나 계속하면 잘하게 된다. 그냥 말하는 것이 아니라 상대를 세워 놓고 말하고 글 쓰는 것은 실력 향상에 많은 도움을 준다. 블로그는 글쓰기가 필요하다는 생각이 들었다면 도전해 보기를 추천한다. 어떤 SNS도 블로그만큼 글쓰기를 연습시키는 매체는 없다.

블로그 글은 피드백 받기 좋다. 피드백은 크게 직접 피드백과 간접 피드백이 있다. 직접 피드백을 던져주는 분들은 아주 친하거나, 깐깐한 이웃이다. 이런 피드백이 있어야 글이 발전한다. 무조건적 칭찬이 대부분이지만, 가끔은 비밀 댓글로 오타를 잡아주는 분도 있으니 감사하다. 간접 피드백은 조회 수와 관련 있다. 조회 수가 떨어지면 사람들이 거부한다는 뜻이다. 거부까지는 아니더라도 관심 없다는 표현이다. 눈치 빠르게 알아서 이유를 찾아야 한다. 남들이 좋아하는 글을 따라갈 필요야 없겠지만, 잘 읽히는 글을 쓰는 데 무척이나 중요한 숫자이다.

블로그는 혼자 쓰는 매체가 아니므로 다른 이웃의 글에 들어가 본다. 비슷한 관심사가 있는 분들과 더 친해지는 효과가 있다. 댓글을 주고받다 보면 만나고 싶은 분도 생긴다. 실제로 오프라인 만남으로 이어져 본업에 도움을 주고받기도 한다. 생각보다 인적 네트워크의 힘이 아주 유용하다. 내가 책을 내고 회사를 차릴 수 있었던 이유도 이런 만남 덕분이다.

블로그에 쓰는 글은 나만의 기록이고 아카이브가 된다. 글이 쌓인다는 것은 내 생각이 쌓인다는 말이다. 내 생각은 곧 내가 된다. 다른 말로 브랜드가 된다는 말이기도 하다. 한 분야의 전문가가 되는 방법이다. 내가 이웃에게 자주 추천하는 블로그 쓰기 노하우는 한 분야에 집중하라는 것이다. 나는 책을 선택했고, 자기 계발서를 선택했다. 그런 강의를 이어갔고, 자기 계발서도 집필했다. 꿈의 도서관에서 자기 계발에 포커스를 맞춘 임무를 수행한다. 물론 다른 분야에도 관심을 가지고 가지를 쳐 가지만, 뿌리는 성장과 계발이다. 블로그는 한 분야의 전문가로 나를 알리는 수단이자, 성장 매체이다. 네이버에도 도서, 여행, 요리, 공연, IT, 영화, 육아 등 다양한 장르의 인플루언서를 인정한다. 하나의 카테고리를 정해 집중해서 전문성을 인정받으면 수입도 생기고, 인정도 받는다. 하나의 큰 산을 넘었다면 그때 다음 산을 도전해 보면 어떨까? 처음부터 너무 넓은 장르의 글을 쓰다 보면 어수선하고, 하고자 하는 이야기가 산만해질 수 있다.

나는 블로그를 시작하고 브랜딩 대상을 독서로 정했다. 책을 읽었고, 줄을 긋고 메모했다. 내용을 정리해서 블로그에 올렸고, 내 생각을 추가하기 시작했다. 어느 날부터 생각 글들이 더 많아졌고, 내 사업적 경험이 추가되어 책을 내게 되었다. 지금도 일 년에 100권 읽고 서평 쓰기를 도전하고 있다. 내 뿌리가 블로그에 있음을 잊지 않고 있다. 책을 퇴고하는 힘든 순간에도 매일 글쓰기를 놓지 않는다. 매일 책을 읽지 않으면 입안에 가시가 돋는다는 안창호 선생님의 말씀처럼 매일 쓰기를 하지 않으면 아마추어 실력마저 떨어질까 두렵다. 이 책을 집필하는 중에도 매일 쓰기를 멈추지 않는 이유이다.

블로그를 통해서 다양한 분야의 사람을 만났다. 그들과 소통을 넘어 만남으로 이어지고 내가 살아온 세계에서 다른 세계로 이어지는 계기가 된다. 블로그는 단순히 나를 표현하는 수단을 넘어 나를 다른 공간으로 데려간다. 블로그는 진정한 메타버스 세상이 아닐까 싶다. 블로그가 가진 무궁무진한 세상 덕분에 나는 3가지 직업을 온전히 수행할 수 있다.

내가 좋아하는
분야부터 시작하다

돌이켜 보면 오래전부터 싸이월드에 이어 블로그에 손을 댄 적이 있다. 정보성 글을 짧게 올리며 애를 쓴 기억도 난다. 2020년에 다시 들어간 블로그는 남들에게 공개하기도 민망한 글 몇 개만 남아 있었다. 블로그를 다시 살리기로 마음먹었다. 기존에 올렸던 글들은 모두 비공개 처리해 버리고 다시 새롭게 단장했다. 블로그에 대해서 별로 아는 것도 없었고, 어떤 글을 써야 할지도 막막했다. 코로나로 인해 찾아온 저녁 시간을 무언가로 채워보고 싶은 마음뿐이었다. 사람을 만나지 못하니 자연스럽게 나를 찾는 시간이 생겨났다. 내가 잘하는 것이 무엇일까? 그 답은 오랜 시간 함께한 독서였다. 읽은 책을 정리나 해두자는 마음으로 포스팅을 시작했다. 마케팅 업무에서 가장 필요한 책은 자기 계발서이다. 20년 동안 일하며 사람들을 교육하고 변화를 끌어내리려면 가장 필요한 분야였다. 심리학, 철학, 자기 계발서 등을 읽으며 끊임없이 공부하고 실전에 적용하려 애썼다.

어떤 일이든지 처음 시작할 때는 자신이 잘하는 것, 관심 있는 것을 하는 것이 좋다. 남들이 한다고 따라 했다가는 실력 부족과 관심 부족으로 실패하기 딱 좋기 때문이다. 내 독서가 남들이 인정할 수준인지 판단이 서지는 않았지만, 그래도 실전에서 얻은 경험이 많아서 읽고 정리하는 것은 어렵지 않았다. 특히 블로그는 타인의 관심을 끌어야 하는데, 내게는 그럴 만한 것들이 마땅치 않았다. 남들이 들어오지 않더라도 일단 잘하는 것을 해보기로 했다. 그리고 조회 수나 평가에 연연하지 않기로 했다. 책을 따로 구입하지 않아도 집에 있는 책만으로도 충분할 거라 생각했다.

일단 시작하고 나니 읽고 싶은 책들이 눈에 들어왔다. 다시 읽어야 할 책도 많았다. 분명 읽은 기억이 있는데 내용이 기억나지 않는다면 다시 읽었다. 이웃이 같은 책을 서평하면 방문했다. 그 안에서 다른 책들이 보이기 시작했다. 그리고 브랜딩이란 주제에 관심이 닿았다. 브랜딩은 자기 계발에 속하지만 따로 공부한 적은 없었다. 내게는 무척이나 간절하고도 낯선 분야가 바로 브랜딩이었다. 블로그를 하는 이유도 일종의 브랜딩 아닌가? 제시된 책들을 구매하고 읽으며 새롭게 브랜딩이란 주제의 글들도 쓰기 시작했다.

하나의 산을 넘으면 다음 산이 보인다. 걱정하지 않아도 된다. 자신이 잘하는 것으로 시작했지만 관심사는 꾸준히 확장된다. 다음에 읽어야 할 책이 보이고, 할 일이 결정된다. 브랜딩에 관한 영상을 보게 되고, 공부하게 된다. 그러다 어느새 브랜딩 전문가처럼 보이기 시작한다. 누군가가 나에게 브랜딩에 관해서 묻는 날이 찾아온다. 처음부터 전문가는 없다. 전문가라고 인정되는 것은 일단 관심을 가지고 시작해 보는 것에서 출발한다.

어느 날, 컴퓨터 문제로 심각한 고민을 만났다. 잘 돌아가던 컴퓨터가 원인을 알 수 없는 문제로 느려지기 시작했다. 그것을 해결하기 위해 여러 방법을 쓰다가 또 다른 문제를 만났다. 큰 용량의 하드디스크를 구매해서 연결했는데 인식을 못 하는 것이다. 사무실로 가져가 다른 컴퓨터에 연결했는데 인식도 잘 되고 돌아가는 데 전혀 문제가 없었다. 집에 있는 내 컴퓨터의 문제라면 어떻게든 해결해야 했다. 검색에 또 검색하고 다양한 방법을 모두 시도하며 며칠에 걸쳐 문제를 해결했다.

"이런 문제라면 나 말고도 많은 사람이 알아야 하지 않을까?"

좋은 포스팅은 궁금한 것을 공유하는 것이란 생각이 들었다. 그렇게 IT 지식이란 이름으로 카테고리를 만들고 문제 해결에 관한 포스팅도 올리기 시작했다. 많은 사람이 댓글로 질문을 해왔고 아는 대로 답변을 해주었다. 나로 인해 타인의 문제를 해결했다는 뿌듯함이 들자 하나의 카테고리가 되었다.

IT 지식 역시 내가 원래 잘하던 분야 중의 하나였다. 2000년 대 비트컴퓨터를 다니며 공부했고 IT 회사에 입사해서 프로그램을 전공했으니 남들에게 알려 줄 만한 것이 있지 않을까? 문제 해결 방법을 공유하기 시작했다. 당시 읽고 있던 책이 《백만장자 메신저》였는데, 자신이 잘하는 분야를 섞어 보라는 메시지가 많은 도움이 되었다. 블로그를 한다는 것은 자신의 강점을 찾는 방법이다. 내가 잘하는 것, 간절한 것, 하고 싶은 분야를 찾아 깊숙이 들어가 보면 나만의 브랜딩이 된다.

코로나 시대가 찾아오며 그야말로 화상 시스템이 봇물 터지듯 터져 나오기 시작했다. 사람들을 만날 수 없으니 가장 좋은 시스템을 찾아 시험했고, 결국 모두 그렇듯이 줌(zoom)을 공부하기 시작했다. 공부랄 것도 없는 게 일하려면 회의해야 했고, 회의하려면 줌 전문가가 되어야 했다. 수시로 들어가 다양한 메뉴를 시험해 보며 남들보다 빨리 적응하고 다양한 줌의 기능을 활용하게 되자 주변에서 물어왔다. 그래서 포스팅하기로 했다. 그 포스팅은 조회 수가 어마어마하게 올라가며 내 블로그 대표 글이 되었다. 하루에도 수천 명이 드나들며 줌을 배워나갔다. 덕분에 줌 전문가가 되었고, 여기저기서 줌을 가르쳤다. 내가 필요해서 시작한 일인데 남에게 도움이 된다면 이보다 더 좋은 일은 없었다.

일단 시작해 보는 힘이 얼마나 강력한지 다시금 깨닫는 순간이다. 뭔가 거창한 목표를 정하고 시작하려 하면 시간이 오래 걸린다. 《가서 만나고 이야기하라》 처음 장에 '생각하지 말고 행동하라'를 언급한 이유이다. 나는 일단 시작하고 생각하며 맞추어 나간 것이다. 사람들이 필요로 하는 것들에 포커스를 맞추며 변화했다. 줌에 관련된 포스팅은 효자가 되어 다른 포스팅에도 영향을 미쳤다. 덕분에 북리뷰 포스팅도 조회 수가 올라가기 시작했다.

책을 읽다가 전자책이 내 독서 스타일에 유리하다는 것을 알았다. 주변에서 전자책은 어렵고 눈이 아프다는 인식이 많았다. 전자잉크가 들어간 전자책 전용 단말기를 두 개나 구입하며 익숙해지자 나도 생각이 바뀌기 시작했다. 습관을 조금만 바꾸면 편한 세상을 볼 수가 있다. 물론 종이책이 가지는 장점은 어쩔 수 없다. 하지만 몇 가지를 포기하며 엄청난 장점을 얻을 수 있기에 관련 포스팅을 시작했다. 많은 분이 전자책에 관해 질문을 해오기 시작했다. 더불어 구독 서비스 신청에 대해서도 포스팅했다. IT 지식이 책과 만나는 순간이었다. 나는 핸드폰, 아이패드를 넘어서 전자책 단말기를 세 개나 갖고 있었다. 전자책 구독 서비스도 두 개를 결제하고 있었으니 남들보다 더 자세한 포스팅을 할 수 있었다.

타인의 궁금증을 해결해 주고 얼리어댑터 느낌으로 제품 소개도 해주었다. 블로그는 점차 기본 조회 수 1,000명을 넘어 2,000명을 바라보고 있었다. 1,000명도 나름 성공한 숫자라는 말을 전해 들었다. 잘하는 분야, 관심 있는 분야를 파고들면 나름대로 브랜딩이 가능하다는 답을 찾아냈다.

조회 수가 늘어난 장점은 곳곳에서 나타났다. 일단 투고하고 나면 출판사에서 제일 먼저 보는 것은 원고일 테고, 두 번째는 바로 마케팅 가능성이다. 블로그가 살아 있고, 인스타그램이 살아 있으면 일단 믿고 갈 수 있다는 말이다. 브랜딩은 어디에서나 필요하다. 글만 잘 쓴다고 책이 팔릴 거란 생각은 일찌감치 지웠다. 일인 출판사까지 합치면 수천 개의 출판사가 존재한다고 한다. 분기에 한 권씩만 낸다고 쳐도 한 달에 족히 천 권은 나오리라. 눈에 보이지 않으면 알 수 없는 세상이다. 출판사 마케팅만 믿고 있다가는 고배를 마시고 만다. 저자의 마케팅 능력이 책의 성공을 좌우한다. 스테디셀러가 되는 능력은 오로지 저자의 마케팅 능력이라고 해도 과언이 아니다. 나도 마케팅할 때 블로그 이웃의 도움을 많이 받았다.

나만의 독서 글쓰기 방법을 만들다

책 리뷰로 시작한 글이 하나씩 쌓여나가기 시작했다. 일주일에 한 권 읽고 쓰는 것이 처음 세운 목표였다. 일 년에 50권 읽기라는 목표를 세우고 매주 한 권에 집중했다. 하지만 본업에 집중하면서 책을 읽는다는 것이 개인적으로 쉽지 않은 일이었다. 업무상 하루에 200~300킬로미터 운전할 일도 많았고, 지방에 다니며 사람을 만나다 보면 책 읽을 시간이 만만치 않았다. 그래서 책을 읽기보다는 듣기가 더 편했다. 전자책의 음성서비스 기능을 이용해서 책을 들을 때도 많았다. 듣는다는 것이 쉬운 거 같아도 오히려 더 어려운 일이다. 자꾸 다른 생각이 치고 들어와 집중도가 떨어지고, 한참을 들었는데도 하나도 기억나지 않았다. 리뷰를 하려면 기억에 남던지, 밑줄을 그어 놓아야 하는데 책 듣기로는 리뷰를 만들기가 쉽지 않았다. 가끔 차를 세우면 읽었던 곳을 찾아 들어가 밑줄을 그어 놓기 일쑤였다.

　책을 듣다가 좋은 생각이나 남겨야 할 아이디어가 떠오르면 스마트폰 '음성 받아쓰기' 기능으로 글을 남겨두기 시작했다. 에버노트를 켜고 최대한 또박또박 말을 했다. 처음에는 음성녹음을 했는데, 다시 듣기가 귀찮고 내용을 한눈에 볼 수 없었다. 음성녹음은 녹음된 시간만큼 다시 다 들어야 하는 것이 여간 불편한 것이 아니었다. 활자로 되어 있으면 내용을 빠르게 훑어보고 필요한 것을 취할 수 있다. 영상보다 활자가 검색에서는 매우 유리하다. 텍스트는 블로그 포스팅할 때도 편했다. 핸드폰에서 가장 마음에 드는 부분이 음성을 받아 문자로 변환하는 서비스가 아닐까 싶다. 물론 오타도 많고, 엉뚱한 문자로 대체되기도 했지만, 기억과 잘 조합하면 어느 정도 원하는 문장을 만들 수 있었다. 도저히 못 알아볼 정도의 글도 많았지만, 나에게는 가장 유용한 글쓰기 팁이다.

　조용한 카페나 집에서 글쓰기를 하는 사람들이 참 부럽다는 생각도 했다. 가끔 차를 고치거나 사람을 기다릴 때는 독서와 글쓰기의 중요한 기회가 되었다. 그래서 항상 블루투스 키보드와 태블릿을 가지고 다녔다. 한글 프로그램을 사용하기 위해 아이폰과 맞지 않는 안드로이드 태블릿을 가지고 다닌적도 있다. 타이핑도 치고 음성으로 받아쓰기도 하고 손 글씨 문자화 서비스도 활용했다. 그야말로 나의 라이프스타일에 맞춘 다양한 글쓰기 방법을 시도했다.

나는 메모 앱을 두 개 쓴다. 가장 애용하는 앱은 에버노트이다. 언제 어디서든 동기화되는 서비스라서 오랫동안 활용하고 있다. 음성, 텍스트, 손 글씨, 사진 등을 활용하여 내 생각이나 현상을 메모할 수 있다. 링크 기능이 있어서 유튜브나 기사 중에 활용할 만한 것이 있으면 링크를 걸어둔다. 인터넷 기사에서 중요한 것이 있으면 에버노트에 따로 저장한다. 활용하면 할수록 나만의 아카이브가 만들어진다. 한글 프로그램을 이용하기보다는 에버노트에 글 쓸 때가 많다. 차에서 음성으로 쓰다가 집에 들어와 노트북으로 마무리하기도 한다. 한글 프로그램은 원고를 만들 때만 사용한다. 그때만 노트북을 들고나간다. 대부분 핸드폰과 태블릿, 블루투스 키보드만 있으면 언제든지 글쓰기가 가능하다. 태블릿은 전자책 보는 용도로도 많이 사용한다. 중요한 문장은 따로 에버노트에 저장한다.

최근에는 새롭게 노션(Notion)을 사용 중이다. 에버노트와 유사한 앱이지만, 폴더 형식, 데이터베이스 형식으로 다룰 수 있어 에버노트와는 다른 매력이 있다. 에버노트에 비해 화려하고 보기 좋은 디자인을 선사한다. 막 쓰기에는 에버노트가 편하지만, 나중에 활용하기에는 노션이 더 직관적이다. 특히 노션은 자신만의 포트폴리오를 꾸미기에 좋다. 브랜딩이 중요하다면 노션을 잘 활용해서 남들에게 보여주는 형식도 괜찮다. 초고를 쓸 때 노션을 활용하면 좋다. 폴더 형식으로 나누어지기 때문에 목록을 만들고 꼭지를 늘려가도 좋다. 중간에 소제목 글을 끼워 넣기도 좋다. 나는 노션으로 기본 원고를 만들고 투고할 때 한 글에 정리한다. 단, 노션에는 손 글씨와 음성녹음 기능이 없어 운전하며 빨리 활용하기에는 부족하다.

궁하면 통한다고 했던가? 글이란 건 집이나 카페에서 조용히 사색하며 써야 하지만, 내게는 그마저도 사치에 가깝다. 하지만 디지털 기술에 익숙해서 그런지 여러 가지 방법을 찾아 활용하고 있다. 이런 방법이 없었다면 나는 책을 낼 수 없었을 것이다. 디지털 기술에 관심을 가진 덕분에 잘 활용할 수 있었다. 시간이 없어서, 도구가 부족해서 못한다는 장애를 극복하게 되어 참 다행이다. 블로그 포스팅을 핸드폰 하나로 해결하는 때도 많다. 못하는 환경을 생각하면 핑계는 얼마든지 있다. 하지만 하려고 마음먹으면, 할 수 있는 환경은 얼마든지 창조할 수 있다. 이 글을 읽는 독자분들도 글쓰기에 용기를 내면 좋겠다.

04

글 쓰며 생각하고, 생각하며 글을 쓴다

그동안 읽은 책을 모두 정리할 수는 없지만, 새로 읽은 책들은 정리해서 블로그에 남기기 시작했다. 첫 서평을 올리고 받은 '좋아요'는 단 3개였다. 아내가 하나, 아들이 하나, 광고 목적으로 들어온 모르는 분 하나. 그때는 하루 방문자가 수천 명이나 되는 블로거가 얼마나 존경스러웠는지 모른다. 그들에게는 어떤 비결이 숨어 있을까? 따라 해 보려고 방문자 수 늘리는 책도 읽어보았다. 호기심을 유발하는 글쓰기에 관해 고민도 했지만, 내게는 한없이 어려운 일이었다. 제목도 잘 뽑아내야 했고, 경쟁력 있는 키워드도 찾아 내야 했다. 하지만 나는 블로그를 키우는 데 많은 시간을 낼 수 없었다. 그래서 내가 좋아하는 글을 쓰며 나를 알리는 데만 초점을 맞추기로 했다. 블로그 생태계가 어찌 되었든 접어두고 나를 계발하는 글쓰기 포스팅을 하기로 했다.

책을 읽고 내 생각을 덧붙여 '북리뷰'라는 제목을 달아 게재를 시작했다. 서평 수준은 아니라서 적당한 키워드를 찾아 북리뷰라 명명했다. 네이버 맞춤법 검사기에 항상 걸리는 단어지만 서평이란 키워드보다는 덜 부담스러웠다. 몇 권의 북리뷰가 쌓이면서 '좋아요'와 댓글이 조금씩 늘었다. '덕분에 좋은 책을 소개받았습니다. 구매까지 했습니다.'라는 댓글을 받으며 조금씩 보람을 얻었다. 어떤 이웃은 가독성을 높이려면 사진도 넣고, 이쁜 폰트를 사용해야 한다고 했다. 많은 이웃의 의견을 수용해서 글에 색도 넣고 크기도 키우고, 굵은 처리를 시도했다. 사진도 많이 넣어야 좋다고 해서 되도록 5장 이상 넣으려고 애를 썼다.

어느 날 포스팅을 쓰다 너무 산만하다는 생각을 했다. 포스팅하는 데 들어가는 시간이 만만치 않아서 그냥 나만의 방법으로 가기로 했다. 지금은 글쓰기에만 집중하기로 하고 글자에 색이나 굵은 처리를 거의 하지 않는다. 그것은 오랫동안 내가 지켜가는 원칙이 되었다. 글쓰기 선생님께서 블로그를 통해 글쓰기 실력을 늘리고 싶다면 사진을 없애고 묘사하는 훈련을 하라 일러주셨다. 남들에게 보이는 글이지만 남을 위해서 쓰기보다는 나 자신의 발전을 위해서 쓰고 싶었다. 나중에 애드포스트 신청을 하고 광고 돈이 포인트로 쌓였지만 그렇게 연연하지 않았다. 몇 달이 지나도 블로그 수입은 5만 원도 채 되지 않았으니 돈을 생각했다면 완전 실패가 아닌가 싶다. 나중에 광고를 신청한 이웃들도 금방 10만 원이 되던 것을 비교해보면 어지간히도 상업성과는 거리가 먼 글을 쓰고 있었다.

도서 인플루언서가 되고, 서평 제안들이 들어오면서 다양한 분야의 책을 읽는 효과가 생겼다. 사실 내 돈 주고는 사보지 않았을 책인데 무료로 볼 수 있으니 간단하게나마 볼 수 있어 좋았다. 다양한 책을 읽는다는 것은 색다른 사고를 할 수 있게 해준다는 장점이 있다. 내가 선택하는 책들은 아무래도 일정한 방향성을 가질 수밖에 없다. 생각도 항상 흐르던 방향으로 갈 수 있다는 말이다. 하지만 내 의지보다는 제목이 좋아 선정한 책들을 통해 예술, 철학, 에세이, 소설 등 다양한 분야로 독서의 폭이 넓어지는 효과를 보았다.

점차 리뷰라는 것에도 다양한 방법이 있다는 것을 깨달았다. 정리, 감상, 비평 등 다양한 방법으로 도전해보며 나름 나만의 방법을 찾았다. 처음에는 책의 내용을 정리하는 것이 전부였기 때문에 전자책이 좋았다. 디지털의 이점은 '공유'라서 잘 활용하면 복사, 붙여넣기로 리뷰 시간을 줄일 수 있었다. 하지만 좋은 글귀를 소개하는 측면에서는 좋을지 몰라도 내 글쓰기에는 크게 도움이 되지 않았다. 펜으로 직접 노트 필기를 하지는 않더라도 타자 치며 의미를 되새겨보는 것이 얼마나 도움이 되는지 모른다. 좋은 문장은 적어보고 말로 내뱉어보는 시간을 통해 내 것으로 만들 수 있기 때문이다. 내 문장을 만들어 보는 것은 글쓰기에 매우 유용하다.

처음에는 발췌문과 감상을 구분하며 포스팅을 올렸다. 점차 감상이나 생각이 늘어가면서 아예 생각을 정리하는 카테고리를 추가했다. 책을 읽고 기억나는 부분을 중심으로 내 생각을 쓰는 글이 되어버렸다. 생활하면서 떠오르는 단상, 경험, 감상을 중심으로 이웃에게 도움 될만한 글을 추가하고 있다. 많은 이웃이 《가서 만나고 이야기하라》의 리뷰를 해주셔서 한동안 서평을 보며 시간을 보낸 적이 있다. 나는 독자의 생각이 궁금했는데, 대부분 책의 내용을 그대로 베껴 쓴 것이 많았다. 누군가 나의 북리뷰를 읽을 때도 마찬가지 아니겠는가? 독자가 원하는 것은 무엇인가? 내용을 그대로 복사한 텍스트보다는 읽고 난 후의 감상평이나 연관된 책 소개, 경험이 궁금하지 않을까? 부족하지만 그런 북리뷰를 써보려고 한다. 북리뷰 자체만으로도 하나의 에세이든, 칼럼이 될 수 있으면 좋겠다는 마음으로 쓰고 있다.

얼마 전에 만난 블로그 이웃을 통해 북리뷰 자체만으로도 얼마나 매력이 넘치는 일인지 배웠다. 책을 읽고 자기 생각을 추가해서 정리해두는 작업 자체에 매력을 가지고 있다는 말씀이 인상적이었다. 북리뷰는 내 생각을 확장하는 좋은 기회이다. 자신의 생각을 추가하는 연습을 해보면 좋을 것 같다. 그리고 그 생각을 모으면 하나의 글이 되고 책이 될 수 있다. 내 생각만을 정리하고 싶어 '생각 정리'라는 카테고리를 추가했다.

글쓰기 전날부터 글감을 생각하곤 한다. 이제는 글감 때문에 고민하지 않는다. 매일 보고, 듣고, 사람들과 이야기 나누는 모든 것이 글이 된다. '생각 정리' 글을 쓰게 되면 책을 읽어도 중요한 핵심을 내 것으로 만들려고 애쓰게 된다. 사람을 만나서 이야기를 나누어도, 그들의 삶과 경험을 들어도 모두 메모하고 글감으로 만들 준비를 한다. 사람을 보는 눈도 달라지는 것을 느낀다. 좋은 글은 다르게 보고, 독특한 비유와 기발한 관찰이 필요하다고 했다. 글은 나의 생각, 삶을 더 깊게 만들어주는 요소이다. 글은 쓰기도 어렵지만 무엇을 써야 하는지는 더 어려운 숙제이다.

경험 이야기를 대화 형식으로 써나갔더니 사람들이 무척이나 좋아한다는 것을 느낄 수 있었다. 실제로 진짜 경험인지 묻는 분들도 생겨났다. 혹시 허구로 지어낸 이야기 아니냐고 물었다. 기억의 한계 때문에 본의 아니게 각색되지만, 실제 내 경험이라 답해주었다. 내 경험이 타인들에게 재미를 선사할 수도 있다는 믿음이 커지자 글 쓰는 용기가 생겼다. 이건 실제 써보지 않으면 알 수 없는 일들이다. 무언가 도전했고 한 걸음 나가는 사람만이 느낄 수 있는 소중한 자산이다. 이 경험을 아무리 주변에 이야기해도 시작하지 못하는 사람은 여전히 망설이는 것을 볼 수 있다. 시작은 그냥 하는 것인데도 말이다. 마치 내가 처음부터 잘하던 사람이라고 생각하는 모양이다. 사람들이 자꾸 묻는다. '원래 글 쓰는 직업인가요?' 그럼 나는 대답한다. '그럼 지금쯤 책을 몇 권 냈겠죠?' 내가 쓰는 글은 배운 적 없는 글이다. 900일 넘게 쓰고, 느끼고, 배우며 조금씩 고쳐간 결과이다. 지금은 선생님께 조금씩 배우고 있지만, 아직도 초보 수준이라 생각한다. 그래서 아직도 글 쓰는 것에 대한 배움이 목마르다.

현재 '생각 정리' 카테고리에는 330개 정도의 글이 쌓였다. 생각날 때마다 생각을 정리해서 올린 글이다. 그 글이 모여 첫 책이 되었고, 이 책을 쓸 때 글 재료가 되고 있다. 잘만 활용하면 8권의 책이 나올 수도 있는 분량이다. 보통 40꼭지 정도면 한 권이 책이 되기 때문에 자부심을 가지고 꾸준히 쓰고 있다. 소설도 가끔 쓰고, 최근에는 에세이도 추가하고 있다. 나의 경험과 추억, 생각을 글로 만들어보고 있다. 글쓰기 형식만 잘 지킨다고 좋은 글이 되지는 않는다. 열정과 관찰, 자기만의 에피소드, 관심이 들어가야 한다. 좋은 글이지만 매력 없는 글이 있다. 무미건조하다. 자기만의 콘텐츠를 갖추고 형식만 조금 지켜낸다면 누구나 얼마든지 쓸 수 있다. 좋은 글은 꾸준함이 묻어나야 한다. 시간이 숙성시킨다는 것이 맞다. 생각도 얼마나 깊이 오랫동안 경험하고 묵혀두었느냐에 따라 보여지는 맛이 달라진다고 느껴진다. 복사해서 쓴 글은 아무래도 느낌이 다르긴 하다.

블로그를 시작하고 글을 쓰려니 생각보다 쉽지 않았다. 문맥을 이어가는 것도 길게 늘여 쓰는 것도, 묘사도 만만치 않았다. 대화하는 느낌을 살리는 것조차도 다른 책들을 참고하며 비슷하게 쓰려고 노력했다. 대화하는 문장을 쓰고 화자를 나타내는 것조차도 내게는 힘든 일이었다. 그래도 책을 정리하며 조금씩 실력이 쌓였는지 생각을 표현할 정도는 되었다. 책의 내용에서 느낀 포인트, 나의 경험담, 내 경험과 생각을 추가해서 쓰는 글은 리뷰보다 더 재미있다. 온전히 나의 문장이라 더 책임감을 느끼고 고민하며 노력한다.

05

전자책을 활용하다

　종이책에 익숙한 분들은 전자책에 적응되지 않아 쉽게 포기하곤 하는데, 시간이 지나면 어느 정도 익숙해지는 때가 찾아온다. 나도 처음에는 가독성이 떨어져서 읽다 말기를 반복했다. 하지만 꾸준히 노력하자 어느 정도 집중할 수 있게 되었다. 나는 오래전부터 핸드폰이나 아이패드로 읽어와서 그런지 전혀 어색하지 않게 읽는 편이다. 전자책의 백라이트 때문에 시력 보호가 필요하다고 느껴 리디 페이퍼라는 전자책 디바이스로도 읽는다. 바깥일이 많은 나로서는 가벼운 책이 좋았고, 언제 어디서든 접근하기 편한 독서를 원했는데 전자책의 개념이 거기에 딱 맞았다. 빨리 전자책에 적응하고 싶어서 읽히지 않아도 꾸준히 읽는 연습을 했다. 리디북스에서 정기 결제 서비스가 나왔을 때 얼마나 반가웠는지 모른다. 많은 책을 저렴하게 가지고 다니면서 읽을 수 있다는 점이 내게는 아주 매력적이었다. 초기에 결제했다는 이유로 저렴하게 많은 책을 볼 수 있었다. 책을 이렇게 저렴하게 보다 보니, 평소에도 가지 않던 도서관이 더 갈 일이 더 없어졌다. 리디북스 페이퍼 프로라는 독서 디바이스를 하나 더 구매했다.

우리 집에서 도서관은 꽤 먼 거리다. 차로도 10분을 가야 한다. 주차장이 넓지 않아 차를 가지고 가기도 어렵다. 걸어가면 30분 정도 걸리다 보니 여러모로 도서관 대출을 이용하지 못하고 있다. 그래서 전자책으로 내려받아 사용하는 게 좋다. 특히 주거지를 자주 옮겨야 한다면 종이책은 상당한 부담이 된다. 무게도 만만치 않아서 이삿짐 싸는 분들이 제일 싫어하는 것이 책이라고 할 정도이다. 부피당 무게가 무거워서 박스에 얼마 넣지도 못하기 때문에 비용도 만만치 않다. 그래서 본의 아니게 책을 버려야 할 때도 많다. 요즘은 중고책 시장이 활발해서 팔 곳도 많지만, 보관할 때도 많은 공간을 차지한다는 점이 종이책의 가장 큰 단점이다.

요즘은 대부분 종이책과 전자책이 같이 나오지만, 종이책으로만 나오는 경우도 있다. 그러니 서평 제안으로 종이책을 받으면 꽤 이득이 된다. 특히 책을 내 것으로 만들어야 하는 사람은 구매해서 읽기를 추천한다. 구매해야 줄을 치고 메모를 맘대로 할 수 있다. 그리고 다시 새기고 펼쳐 본다. 읽다가 도움 되는 책 같으면 구매한다. 특히 요즘은 종이책을 활용해 카페나 도서관의 꿈을 펼쳐 볼 요량으로 수집 중이다.

전자책은 나름의 많은 장점이 있다. 그중에서도 가장 좋은 점들을 나열해 보면, 감명 깊은 내용을 다른 사람과 카카오톡으로 공유하기 편하다. 이쁘게 카드로 만들어서 인스타에 올리기도 좋다. 공유하기 기능은 이미지 공유와 텍스트 공유가 있다. 나는 주로 카카오톡에 텍스트 공유를 사용한다. 의외로 아주 유용한 기능이다. 문구에 책 이름과 출판사 정보까지 같이 공유된다. 인스타에 올릴 때는 카드 공유를 사용하는데 내용이 길지 않아야 한다. 사진의 구도를 넘어가 버린다. 짧은 문장을 공유해야 한다. 책을 리뷰할 때는 긴 문장들을 '텍스트 공유하기'를 활용해서 인용 문구로 처리하면 편하다. 일일이 타이핑하지 않아도 되기 때문이다. 나는 스마트폰 에버노트 앱을 많이 활용하는데, 바로 공유하여 저장할 수 있다. 그러면 좋은 구절들을 모아서 나중에 활용하기 쉽다. 에버노트는 태그 기능과 검색 기능이 뛰어나서 잘만 활용하면 나만의 멋진 기록을 남길 수 있다. 물론 유료로 활용해야 제대로 된 기능을 사용할 수 있다는 점은 염두에 두어야 한다.

덜 중요한 문구는 밑줄로 긋고, 중요한 것들은 형광펜을 활용한다. 일단 밑줄로 긋고 다시 읽을 때 가장 중요하다고 생각하는 부분들은 형광펜으로 바꾼다. 이북 단말기를 쓰면 흑백이라서 형광펜이 한 가지 색상이지만, 태블릿이나 스마트폰에서는 몇 가지 색상이 있어서 취향대로 형광펜을 활용할 수 있다. 최근에는 스마트폰보다는 이북 단말기로 읽기 때문에 색은 거의 사용하지 않는다. 한번은 강의 자료 만들면서 필요한 문구만 보라색 형광펜으로 바꾸고, 모아서 한 번에 PPT에 정리한 적이 있다. 메모 기능을 통해서 주석을 추가한 문장들만 따로 읽을 수 있다. 나중에 나만의 자료를 만들 때 아주 유용하다. 물론 손글씨로 그림이나 기호 활용에 제약적이지만 타이핑한 데이터는 검색이 쉽다. 검색이 잘 된다는 것은 디지털이 가지는 엄청난 장점이다.

음성 읽기를 통해 운전하면서 책을 읽을 수도 있다. 물론 자연스럽지는 않지만 나름 들을 만하다. 특히 화면을 보면서 들으면 더 이해가 빠르다. 자기 전에 듣는 것도 좋다. 괄호로 처리된 구절은 건너뛰는 일도 있어서 한 번씩 눈으로 봐줄 필요는 있다. 중간 제목을 읽거나 주석 처리가 들어가면 갑자기 흐름이 끊어지는 느낌을 받을 때도 있다. 읽는 속도를 조절해서 들을 수도 있고, 문장 건너뛰기도 되므로 능동적으로 듣고 싶은 곳을 찾아 들을 수 있다. 특히 백라이트에 눈이 아프다면 음성 기능을 켜고 읽으면 편하다. 최근에는 오디오북 기능들이 좋아져서,

운전하거나 잠자리에서 성우 목소리로 편하게 들을 수 있다.

당연한 이야기지만, 전자책은 바로 구매가 가능한 점이 최대의 장점이다. 특히 전자책은 가격이 저렴해서 복잡한 내용이 아니면 부담 없이 읽기 좋다. 나는 오래 두고 읽으려면 종이책으로 구매하고, 가볍게 읽을 책은 전자책으로 구매하는 것을 추천한다. 갑자기 카페 같은 곳에서 누구를 기다려야 할 때 전자책은 엄청난 장점을 발휘한다. 집에 있는 책은 무용지물이다. 하지만 전자책은 바로 핸드폰으로 다운로드해서 들을 수 있고, 읽을 수 있다. 그래서 더 많은 책을 읽을 수 있다. 물론 스마트폰을 꺼냈다가 다른 짓을 더 많이 하게 되지만, 그래도 집 밖 생활이 많은 나에게는 혜자다. 특히 백라이트를 지원하고 색온도도 지원하므로 밤에 불 꺼놓고 읽기도 편하다. 책을 읽다가 잠들기도 좋다. 자기 전에 일어나서 불 끄는 것도 귀찮은 일이라는 사실은 야간 독서를 해본 사람이라면 공감할 것이다.

전자책은 주석이나 밑줄, 북마크가 동기화된다. 전자책 전용 이북 단말기로 편하게 읽다 정리하고 싶으면 태블릿이나 PC를 활용한다. 아무래도 이북 단말기는 페이지 넘김이 느리므로 급하게 넘기면서 보기에는 다소 무리가 있기 때문이다. 천천히 읽기는 이북 단말기, 전체 내용 빨리 훑어보는 핸드폰 또는 태블릿이 좋다. 다양한 기기들을 지원하기 때문에 언제 어디서

나 읽던 부분을 연결해서 읽을 수 있다. 집에서 읽던 책을 나가서도 바로 연결해서 읽기가 가능하다. 무거운 책을 가지고 다니지 않아도 되는 것은 정말 축복이다. 나는 페이퍼 라이트, 페이퍼 프로, 오닉스, 아이패드, 아이폰, PC, 갤럭시 탭을 활용하고 있다.

전자책은 블로그 읽듯 스크롤 하면서 독서가 가능하다. PC에서 마우스를 이용하여 페이지를 넘길 때는 스크롤이 편하다. PC에 익숙한 사람에게는 더 편하게 다가올 수도 있다. 지금은 웹툰 시장이 커가는 만큼 스크롤 되는 것이 자연스럽기도 하다. 특히 책의 포맷 그대로 가져오면 아무래도 글씨 크기 때문에 도표나 그림이 부자연스럽게 페이지에 배치되는데 스크롤 옵션을 켜면 더 자연스러운 경우도 있다. 물론 리디 페이퍼 같은 이북 단말기에서는 스크롤 기능이 작동하지 않는다. 그야말로 전자'책'이니까.

가끔 원본 그대로 읽어도 글씨가 어색한 때도 있다. 최근에 구매한 종이책은 왜 그런지 글씨를 작게 인쇄했다. 읽기에 거슬리기도 한다. 특히 노안이 찾아오면 글자 크기가 중요하다. 전자책은 내 맘대로 폰트를 고르고 크기를 조절할 수 있다. 오히려 눈이 안 좋다면 전자책이 큰 이득이 된다. 전자책은 글자 크기를 키워서 보면 된다. 이제는 전자책이라고 딱히 이질적이지는 않다. 여행을 떠나면서 휴대하기 좋다. 얼마 전에는 비행기에서 독서등 없이 책 한 권을 무사히 읽은 적도 있다. 책이 보고 싶다면 핸드폰으로 언제든지 보고 싶은 만큼 보고 집어넣으면 그만이다. 하지만 습관이 되지 않으면 어렵기도 하고, 눈의 피로를 호소하시는 독자들도 있다. 그렇다면 어쩔 수 없다. 종이책으로 해결하는 수밖에 없다.

정기 결제 서비스에 문제가 하나 보였다. '만약 내가 서비스를 해지하게 된다면 내 흔적은 어디로 갈까?'라는 생각에 다다랐다. 내가 그어 놓은 밑줄이나 메모는 과연 살아 있을까? 책보다도 더 소중한 나의 흔적이자 생각의 파편을 어떻게 하면 남길 수 있을까? 종이책이야 기록을 간직한 채 책장에 남아 있겠지만, 전자책은 그걸 남길 수 없었다. 실제로 내가 읽었던 책이 계약 만료로 사라지는 경우가 빈번하다. 고민하던 끝에 다른 매체에 기록하기로 했다. '그렇다면 어디에 남기는 것이 가장 좋을까?' 개인 노트도 좋지만, 공개적으로 남기면 더 열심히 할 것만 같았다. 그래서 블로그를 적극적으로 활용하기로 했다. 블로그에 서평을 시작한 이유 중의 하나이다.

PART

4

퍼스널
브랜딩
- 행동하는 독서

01

도서 인플루언서와 브런치

매일 블로그 글쓰기를 시작하고 6개월쯤 지났을 때, 갑자기 블친(블로그 친구)으로 지내던 젊은 이웃에게서 전화가 왔다. 갑작스러운 전화에 살짝 당황하고 말았다. 그녀는 '성공'을 닉네임처럼 쓰고 있을 정도로 열심히 도전하며 사는 이웃이다. 그래서 그런지 특별히 응원해주고 싶었다.

"여보세요. 이렇게 전화를 다 주시고, 너무 반갑습니다."

"스승님~ 혹시 스승의 날 바쁘세요?"

그녀는 얼마 전부터 나에게 스승님이란 호칭으로 댓글을 달았다. 그러지 말라고 해도 나의 글쓰기를 본받고 싶다며 굳이 그런 호칭을 고집했다.

"스승의 날이니까 스승님 만나러 갈려고요."

"여기를요? 여기를 온다고요?"

"네. 제가 찾아가야 예의죠."

비 내리는 스승의 날. 그녀는 정말 나를 찾아왔다. 카페에서 잠시 어색하게 인사를 나누었지만 오랜 시간 댓글을 주고받아서 그런지 금방 편해졌다. 첫 통화 후 2주가 지나며 우리는 또 한 명의 친해진 블로그 이웃을 초대했다. 서로 아는 사이였고, 집이 멀지 않아 연락을 취해두었다. 아주 열정적이고 해박한 지식을 가진 남성 블로그 이웃이다. 그렇게 셋이 만나서 이야기도 나누고 서로에게 상담과 조언도 해주었다. 두 사람은 이미 전에도 여러 번 도움을 주고받은 사이라서 할 말이 많았다. 블로그로 얼굴도 모르고 만난 사이치고는 이렇게 쉽게 친해지는 것이 마냥 신기하기만 했다.

누군가의 스승이라 불리는 것은 매우 독특한 체험이었다. 열심히 글을 써보려 했던 나의 첫 마음이 통한 증거라고 해야 할까? 나의 배경이나 본래의 캐릭터, 성격, 성별, 어느 것 하나 드러내지 않고 시작한 블로그에서 스승님이란 호칭까지 받고 만남까지 이어져 온 것을 보며 나름대로 인정받고 있다는 생각을 하게 되었다. 블로그는 오직 아이디 하나만으로 나를 만들어 가게 되니 참으로 신기하다. 그래서 아이디는 무척이나 중요하다. 아이디 글자 그대로 일이 벌어질지도 모른다. 어느새 '하늘혼'이란 아이디는 스승이라는 이미지와 맞닿아 가기 시작했다. 이 아이디는 PC 통신 시절부터 써오던 한글 아이디였다. 이 아이디를 사용하기 전에는 '이너시아'라는 아이디를 사용했다. '관성'이라는 뜻의 '이너시아'는 공학도에게 딱 맞는 아이디였다. 하지만 어감이 꽤 여성스러운 느낌을 주어서 그런지 많은 남자 사람이 말을 걸어왔다. 어쩔 수 없이 신비스럽고 남성스러운 아이디로 급하게 만든 아이디가 '하늘혼'이다.

무채색이던 아이디에 색을 입혀가는 과정이 바로 포스팅을 올리는 과정이다. 처음에는 개인사에 관해 어떤 내용도 올리지 않았다. 지금은 에세이를 쓰느라 나의 이야기를 많이 쓰는 편이지만, 처음에는 오로지 생각 글만 올렸다. 대부분 사상과 철학, 그것을 증명하는 체험 정도 수준으로 이루어졌다. 지금 이 책을 쓰는 시점에 매일 글쓰기 900일 정도를 이어가며 에세이에 대한 욕심이 생기기 시작했다. 지금은 개인적인 에세이를 써보려고 애쓰는 중이다. 성향이 자기 계발이라 에세이도 자기 계발서 성격으로 변할지 모른다. 그래도 따뜻한 글쓰기를 해보고 싶다는 욕구가 생겨난다. 이제는 주변에 글쓰기가 진심이란 이야기를 서슴없이 하곤 한다.

글쓰기와 책 쓰기의 차이는 '독자'를 생각하며 쓰느냐 아니냐의 차이이다. 책쓰기는 명확한 타케팅이 필요하다. 어떤 독자를 위해서 쓸지 생각해야 한다. 연령층, 성별, 직장 여부를 고려

해야 한다. 블로그가 글쓰기에 좋은 플랫폼이라면 브런치는 책 쓰기에 좋은 플랫폼이다. 브런치는 대신 진입장벽이 존재한다.

도서 인플루언서라는 것은 별로 생각지도 않았다. 그냥 책을 리뷰했고, 리뷰한 내용과 경험을 토대로 내 생각을 정리하고 있었다. 나는 생각보다 다양한 제도와 지원에 별로 신경 쓰는 편이 아니다. 그냥 할 일이 있으면 묵묵하게 가는 편이다. 바쁜 본업과 병행하는 블로그에 많은 시간을 투자할 수는 없었지만, 책으로 방향을 정했으니 하나의 주제로 써야 한다는 것쯤은 알고 있었다. 하나의 주제만 지키기로 했다. 그래서 개인사나 일기 형식의 글, 맛집, 여행 등에 관한 글은 거의 올리지 않았다. 어떤 블로거의 여행담을 보며 모른 척 읽어주고 궁금하다며 맞장구쳐 준 적도 있다. 나도 잘 아는 곳이지만 절대 아는 척 않고 간단한 반응만 주며 더 이야기할 수 있도록 해주었다. 이 또한 20년 동안 사람들을 만나면서 배운 것들이다. 블로그 이웃들은 자신을 표현하기를 바란다. 얼마나 표현하고 싶으면 글로 쓰겠는가? 맛집이 얼마나 자랑하고 싶으면 시간을 들여 포스팅하겠는가? 나중에 알았다. 광고성 글도 만만치 않음을…….

열심히 하는 블로그라고 해도 방문자 없는 관심 밖의 글이되어 갔다. 어느 날 이메일이 와 있길래 보니까 애드포스트 신청 대상자라고 했다. 아무 생각 없이 신청했다. 한 달 동안 일정 활동 이상을 해낸 대상자라며, 바로 승인되었다. 나중에 블로그 이웃분들이 '애드포스트' 신청한다는 말을 듣고 그냥 이메일이 오는 거 아니냐고 물은 적이 있다. 다들 광고를 달기 위해 열심히 한다고 하며, 가끔은 떨어지기도 한다는 말을 잘 이해하지 못했다. 그래서 애드포스트를 하려면 뭘 해야 하는지 누군가에게 설명할 수 없다. 노력하고 실패하고 성공하는 과정을 거쳤다면 자신 있게 방법을 알 수 있었을 텐데. '그냥 열심히 하니까 됐습니다.'가 나의 답일 수밖에 없다.

서평이 어느 정도 쌓여가고 매일 글쓰기를 시작하고 3개월쯤 지났을 때 주변에서 인플루언서가 되는 분들이 눈에 보이기 시작했다. 글을 읽어보니 광고 수익도 올라가고 인플루언서라는 프리미엄 인증도 해주는 것이 매력 있어 보였다. 그래서 찾아 들어가 신청을 했다. 얼마 지나지 않아서 환영 메시지가 도착했다. 그렇게 별다른 노력 없이 도서 인플루언서가 되었다. 이 또한 애드포스트처럼 어떤 노력이 들어갔는지 설명할 수 없다. 네이버에 찾아보니 다양한 인플루언서 중에서도 도서 인플루언서가 가장 조회 수가 낮게 나오는 것을 확인할 수 있었다. 그래서 광고 수입에 관한 관심은 일찌감치 내려놓았다.

꿈의 도서관을 설립하려고 모임을 했다. 그때 네이버 도서 인플루언서 목표를 가진 운영자가 질문을 해왔다.

"어떻게 해서 인플루언서가 되셨어요?"

나는 이 질문이 무척 난처했다. 왜냐하면 특별히 뭘 했는지 정말 모르기 때문이다.

"그게 문제거든요. 그걸 제가 몰라요. 잘난 체하는 것이 아니라, 그냥 신청해서 된 거라 어떤 노력이 필요한지 개념이 없어요."

"정말요? 남들은 몇 번을 떨어지면서 이룬 건데 이유를 모른다고요?"

"떨어져 보면 이유를 알 텐데, 그냥 신청해서 바로 됐거든요. 사실 저는 애드포스트도 잘 몰라요. 그것도 네이버에서 이메일로 자격이 된다고 하라고 해서 한 것이거든요. 제 글을 누가 본다고……. 안 하려고 했는데 두 번이나 이메일이 와서 해볼까 하는 마음이 생겼어요. 제 글의 가치를 측정해보는 수단이 되겠구나 싶어서요."

"그럼 설마 브런치도?"

"그것도 친한 블로그 이웃님이 해보라고 권유하셔서 바로 계정 만들고 작가 신청했어요. 신청할 때 글을 하나 써야 한다기에 블로그에서 쓴 글을 하나 복사해서 보냈죠. 그런데 다음날 합격하였다고 하니, 정말 글이 좋았던 건지, 모두 신청만 하면 되는 건지, 이게 어려운 건지, 쉬운 건지, 정말 잘 몰라요."

모두 내가 난 사람처럼 이야기해 주셨는데. 정말 쑥스럽기만 했다.

그때 옆에서 듣던 다른 분이 다시 질문했다.

"오늘까지 블로그 며칠 쓰셨죠?"

"음…… 236일이죠."

"그래요. 비결은 꾸준히 쓰는 거죠."

"저도 그것만이 답인 거 같아요. 다른 비결은 잘 모르겠어요."

하지만 그것도 잘 모르겠다. 그렇게 꾸준히 쓰지 않아도 합격하는 이들이 많기 때문이다. 진짜 답을 찾으려면 수많은 실패를 한 분들의 강의를 들어야 할 것 같다. 내 목표는 매일 쓰기에 맞춰져 있어서 네이버 로직, 이런 거에 관심이 없다. 로직에 맞추어 쓸 정도로 블로그 쓰기에서 뭔가 얻으려 하는 것은 없다. 그냥 내 글쓰기의 발전을 위해 쓰는 중이다.

여기저기서 책 출간에 대한 추천을 받기 시작한 이후로 고민이 되기 시작했다. 정말 내가 책을 낼 수 있을까? 낸다면 어떻게 내야 할까? 많은 고민이 밀려오기 시작했지만, 그중에서도 가장 큰 고민은 내 글 실력으로 책 내는 것이 가능한지 알 수 없다는 점이다. 블로그 이웃분들이 해주신 말들이 진실인지, 단순히 격려성 멘트인지 묻기도 애매했다. 이웃분 중에 먼저 책 계약을 한 분에게 줌으로 만나 달라고 요청했다. 《안녕, 나의 한옥집》, 《오토바이 타는 여자》를 출간한, 아이디 밤호수, 임수진 작가님이다. 그때는 첫 책 《안녕, 나의 한옥집》을 집필 중이셨다. 그때까지는 아주 친하지 않았는데, 미국에서 기꺼이 응해주셔서 아침에 화상으로 만났다. 시차가 있었기 때문에 약속 잡기가 만만치 않았지만 고맙게도 시간을 내주셨다.

"제 글을 몇 개 읽어보셨잖아요. 책 낼 만한가요?"

"저는 가능하다고 봅니다."

긍정의 대답을 주셔서 참으로 다행이라 생각하면서도 어떻게 시작해야 할지 막막하기만 했다. 그때 나에게 제안해주신 것이 브런치였다.

"일단, 브런치에 글을 올려보세요."

"저는 브런치 잘 모르는데요."

"가입하시고 글쓰기를 조금 해보시면 아마 바로 작가가 되실 겁니다. 제가 봐서는 한 번에 되실 거라 생각됩니다. 브런치 작가가 되시면 글을 보고 출판사에서 제안도 온다고 하니 거기에 글을 써보세요."

나는 임 작가님이 알려주는 대로 브런치 작가 신청을 했다. 블로그에서 글을 하나 가지고 와서 신청했다. 그때는 블로그에 글이 제법 쌓여 있을 때였다. 임 작가님이 말한 대로 바로 브런치 작가가 되었다. 임 작가님은 블로그와 브런치에 쓴 글을 보고 출판사 제안이 들어온 경우라서 그대로 나에게 알려준 것이다. 어쩌면 가장 이상적인 그림이 아닐까 싶다. 출판사 관계자가 내 글을 보고 먼저 연락을 준다면 이보다 더 좋은 일이 있겠는가? 그래서 임 작가님은 가장 부러운 작가였다. 일 년이 지난 지금도 그런 경우는 내 주변에 임 작가님이 처음이자 마지막이다. 선택당한다는 것은 쉬운 일이 아니다. 차라리 선택하는 쪽이 더 편하다.

브런치를 시작하고 브런치 북을 두 개나 만들어 보았다. 하나는 나의 인생 독서의 역사이다. 중학교 시절부터 해온 독서의 시작을 고등학교, 대학교, 군대 등 독서 흐름 변화 순으로 10편 정도의 책을 만들었다. 문학, 자기 계발, 추리소설, 인문, 심리학으로 변해가는 독서의 변화를 쓴 글이다. 또 하나는 재미 삼아 써본 단편 소설이다. '꿈의 도서관' 주최로 글쓰기 대회를 한 적이 있다. 여름에 블로그 이웃을 대상으로 '한여름 밤의 꿈'이란 이벤트를 만들었다. 출품이 많이 몰리면 심사에 시간이 너무 걸릴 것 같아 1,000자 내로 제한을 두었다. 나는 재미 삼아 소설을 하나 써 볼까 했는데 1,000자라는 말에 포기했다. 그때 한 이웃이 초단편 소설이 있다는 말씀을 해주셨다. 어떤 형식을 취해야 1,000자 내에서 가능한 많은 상상을 펼칠 수 있을까? 아이디어를 짜내고 짜내어 전화 통화로 이루어지는 추억 속의 사랑 이야기를 그렸다. 그 소설 하나 쓰는 데에도 시간이 엄청나게 걸렸기 때문에, 한 번의 이벤트로 끝내기에 무척이나 아쉬움이 남았다. 다음 이야기를 붙여 11편 분량으로 늘려보았다. 그리고 브런치 북으로도 만들고 단편 소설 공모전에도 출품했다. 소설 한 편을 써본 소중한 추억이다. 언젠가 글쓰기 마지막은 소설이 되리라 꿈을 꾸어본다. 그렇게 막연하게 이어진 소설 쓰기는 다음 해에 소설 쓰기 반을 만들고 참여하는 기회로 이어졌다. 인생에서 소설을 써볼 거라 생각도 못 했는데 말이다. 소설창작반 선생님께서 아이디어가 좋다며 잘 다듬어서 꾸준히 공모전에 내보는 것도 좋다고 하셨다.

인플루언서가 얼마나 큰 힘을 가지는지는 아직 미지수지만, 많은 출판사에서 리뷰 제안을 해오는 도서 인플루언서가 아닌가? 우리나라에서 서평 가능하다는 인증을 주는 곳이 따로 있는 것은 아니다. 독서에 관해 인증을 받는 느낌이 바로 도서 인플루언서이다. 독서하는 사람이라면 이런 타이틀 하나쯤은 받길 추천하는 브랜딩이다. 얼마 전 도서 인플루언서에게도 순위가 있다는 것을 알았다. 400여 명이 활동하는 도서 인플루언서 중 내가 50위 정도 된다고 했다. 다름 아닌 고등학교 친구이자 독서 토론 클럽장으로 활동하는 친구가 알려준 사실이다.

02

팟캐스트와 유튜브 도전

블로그에서 친해진 아이디 지요 님이 팟캐스트을 한다고 했다. 팟캐스트에 관해 들어 본 적은 있지만, 콘텐츠를 만들어 볼 생각은 못 했다. 유튜브에 영상 콘텐츠를 만들어 올려본 적은 있었다. 팟캐스트는 목소리만 나가기 때문에 더 쉽게 생각했다. 팟캐스트가 브랜딩에 도움이 된다면 해볼 만했다. 이웃이 했다면 못 할 것도 없지 않은가? 퍼스널 브랜딩에 욕심이 생겼다면 제대로 도전하기로 했다.

나는 바로 지요 님께 팟캐스트를 배우고 싶다고 댓글을 달았다. 그렇게 친한 이웃은 아니었지만, 용기를 내서 연락을 취했다. 어떤 일이든 시작할 때는 타인의 도움을 받는 것이 제일 빠르다. 중간 과정에서 겪어야 할 오류와 실패를 현저하게 줄

일 수 있다. 마음만 먹는다면, 카페와 블로그 등 다양한 SNS 채널을 통해 이끌어 줄 이웃을 만날 수 있다. SNS가 얼마나 유용한지 모르겠다. 그동안 블로그를 통해 많은 이의 도움을 주고받았다.

지요 님은 오디오 만드는 과정을 상세하게 알려주셨다. 한 번도 얼굴 본 적 없는 사람에게 자신의 정보를 선뜻 나누어주는 마음이 얼마나 감사한가? 앱 쓰는 법, 오디오 클립 설정법 등을 안내해주셨다. 오랫동안 디지털 환경에 익숙해서 그런지 빨리 배울 수 있었다. 전에 소니 '베가스'를 만져본 경험이 있어서 원본만 있으면 동영상이나 오디오로 편집하는 것은 큰 문제가 아니었다. 네이버 검색을 통해 부족한 기술을 채웠다. 오디오 클립 만드는 법과 편집하는 프로그램에 대한 정보를 얻었다. 독서라는 주제를 결정하고 북텔링을 만들었다. 블로그에 정리된 책 정보를 파워포인트에 정리하고 그것을 페이지 넘기면서 녹화했다. 음성은 따로 팟캐스트에 올리고 영상은 유튜브에 올렸다. 팟캐스트를 시작하면서 공교롭게도 유튜브가 같이 시작되었다. 어차피 한 번 편집했다면, 한 번은 오디오, 또 한 번은 영상으로 렌더링만 하면 두 개의 결과물을 만들 수 있었다. 바로 유튜브에 '행동하는 독서'라는 채널을 만들었다.

당시 지요 님은 지인과 함께 공동으로 팟캐스트를 운영하고 있었다. 커플로 진행해서 그런지 매우 자연스러웠다. 나는 혼자 책상에 앉아 카메라를 켜고 독백을 하려니 오히려 더 어색했다. 그래서 블로그에 북텔링 참여 신청 공지를 올렸다. 많지는 않았지만, 이웃들이 신청하고 참여해주었다. 비록 카메라지만 얼굴을 보며 말하는 것이 오히려 자연스럽고 편했다. 녹화를 마치고 나면 간단한 인사도 나누고 짧은 대화도 이어가며 친분을 쌓았다. 아무래도 편한 관계가 아니다 보니 유머도 부족하고 설명하기 급급한 영상이 되었지만, 결과물이 나쁘지는 않았다. 유튜브에 올리려면 참여자끼리 질문하고 답하는 것보다 강의 형식이 적합해 보였다. 녹화된 영상은 날것 그대로 유튜브에 올릴 수 없다. 편집을 통해서 쓸모없는 구간을 버리고 다시 인코딩해야 했다. 많은 에너지가 소모되는 일이라 자주 못 하고 있다.

예전에 한참 당구를 배울 때 있었던 일이다. 그때는 당구가 스포츠라기보다는 성인 놀이쯤으로 치부되던 시기였다. 당구에 빠지면 헤어 나오기 어렵다는 주변 사람들의 당부를 받아들여 늦게 배운 놀이였다. 늦게 시작한 만큼 매일 출근 도장 찍을 정도로 당구에 빠져 살았다. 당구장 여사장님은 점잖고 고상한 분위기가 넘쳐나는 분이었는데, 나만 보면 대학 가서 꼭 방송반을 하라고 권유하셨다. 성우에 딱 맞는 목소리라 하셨는데, 어디 방송이란 게 쉬운 일인가? 대학 4학년 때 만난 친구가 성우 학원에 다니고 있었다. 나에게도 같이 다니자고 제안했던 적이 있다. 한참 대학원 준비를 하던 나에게 있을 수 없는 일이었다. 사람에게는 '소유 효과'라는 것이 있어 자신이 일단 선택한 일은 잘 바꾸려고 하지 않는다. 지금 유튜브가 유행하는 세상이 될 줄 알았다면 성우를 해볼 걸 그랬다. 그때는 대학원 진학이 내 인생에 가장 중요한 결정으로 보였다.

목소리 좋다는 말을 여러 번 들어서 그런지 마음 한구석에는 팟캐스트 정도는 잘할 수 있을 것 같다는 근거 없는 자신감이 자리 잡았다. 그렇게 잠자고 있던 모습을 깨워본 것이 팟캐스트였다. 생각보다 많은 사람이 다양한 주제로 팟캐스트에서 자리 잡아가고 있었다. 어떤 차이를 만들어야 살아날지 고민을 시작했다. 상업적 욕심보다는 내 발전에 초점을 맞추기로 했다. 책을 가지고 한다면 나의 독서 생활에 도움을 받을 수 있다는 계산이 들었다. 책은 읽는 것도 좋지만 줄 치고 노트에 정리하면 자기 것이 되는 법이다. 그런데 그것을 내 입으로 떠든다면 완전히 내 것으로 만들 수 있다. 우리가 독서 토론을 하는 이유도 여기에 있다. 같이 의견을 나누려면 내용 숙지는 물론 내 생각을 더 해야 하기 때문이다. 우리 아이들에게 독서 토론을 꾸준히 시키는 이유이다.

나는 사업하면서 책을 정리하여 사람들에게 소개했던 적이 있다. 마케팅 때문에 시작했지만, 그 경험이 두려움을 조금이나

마 덜어주었다. 사업 모임에 있는 사람을 초대해서 북텔링을 진행하기도 했다. 책 내용 50%, 내 생각과 경험 30%, 다른 책과의 연관성 20%를 혼합해서 강의안을 만들어 발표했다. 물론 그때는 아는 분들을 초대했기 때문에 좀 더 편안했고, 실수도 용서되었다. 하지만 다시 시작하는 북텔링은 유튜브에 올릴 것을 녹화하는 작업이기에 무척이나 조심스러웠다. 줌에서 녹화한 영상을 편집하여 유튜브에 올렸다. 시간이 오래 걸리는 작업이다 보니 자주 업로드하지는 못하고 있다. 그런데도 보람 있는 작업이다. 많지 않지만, 조회 수가 올라가고 댓글이 달리면 뿌듯하다. 유튜브 영상 중에서 음성만 추출하여 팟캐스트에 올렸다. 유튜브는 영상 때문에 시각전달이 쉽지만, 오디오 클립은 음성만으로 모든 것을 전달해야 했다. 파워포인트에 정리된 것을 보여줄 수 없으니 말로 모든 것을 설명해야 한다. 상대의 머릿속에 그려지는 이미지를 상상하며 최대한 쉽게 이야기하지 않으면 안 된다. 영상의 시작과 끝에 짧은 음악을 실어 나름 사업성을 가미했다. 한 달에 하나 올리기도 쉽지 않았지만, 많은 것을 배우고 시도한 경험이다. 이때 만들어진 유튜브를 '행동하는 독서'라는 브랜딩을 위해 조금씩 성장시키는 중이다. 시간이 부족해서 영상을 잘 올리지는 못해도 천천히 걸어가 볼 예정이다.

03

매년 100권 읽고 서평 쓰기

책을 주제로 블로그도 하고 서평도 시작하며 다독의 필요성을 느끼기 시작했다. 나름 오랫동안 책을 읽었다고 자부했지만, 대부분 자기 계발서 위주로 읽어 왔다는 것을 알고 있었다. 이상하게 소설에는 관심이 가지 않았고, 특히 에세이는 '굳이 내가 남의 이야기를 알아야 하나?' 싶을 정도로 멀리했다. 대학 도서관에서 공부할 때 가끔은 에세이도 읽었던 기억이 있다. 사회생활을 하며 독서 스타일이 많이 바뀌었다. 소설도 역사소설이나 문학이 아니면 잘 손을 대지 않았는데, 이마저도 예전 같지는 않았다.

도서 블로그를 운영하다 보니 책 이웃들이 많아지면서 인문, 철학, 문학, 과학 등 새로운 영역에 대한 호기심이 생기기 시작했다. 이래서 사람은 누구와 어울리는지가 참 중요하다. 내 주변에는 이렇게까지 책에 진심으로 전력투구하는 사람을 보지 못했다. 블로그에는 책을 죽기 살기로 읽는 이웃들이 참 많았다. '저렇게까지 읽는구나!' 생각이 들자, 나의 독서도 별거 아니라는 느낌마저 들었다. '매일 아침부터 저녁까지 책만 읽는가 보다.'라고 생각할 정도였다. 점점 친분이 쌓이며 독서 방법이 제각각이라는 사실도 알았다. 자기 라이프 스타일에 맞는 독서를 생활화한 것이다. 그들을 따라 나의 독서량도 조금씩 많아지고 있었다. 블로그 포스팅을 하고 도서 인플루언서가 되고 보니, 책임감이라는 은근한 압박도 받게 된다. 긍정의 에너지라고 생각하며 열심히 읽고 쓰고 올리고 있다. 그런데 이것이 나를 다른 세계로 이끌어줄지 누가 알았겠는가?

책의 양보다는 질이라는 통념을 깨고 다독이라는 목표를 세웠다. 목표는 숫자로 만들어야 한다. 이것은 내가 가지고 있는 지론 중의 하나이다. 처음 낸 책, 《가서 만나고 이야기하라》에서도 '숫자는 마법과 같은 힘이 있다'고 서술할 정도였다. 처음에는 일주일에 한 권, 일 년에 50권 읽기에 도전했고, 다음 해는 100권 읽기에 도전했다. 숫자가 중요하다. 이루고 이루지 못하고는 두 번째이다. 도달하려고 애쓰는 마음이 생길 때 우리는 엄청난 발전에 발전을 거듭하기 때문이다. 가장 쉽게 세울 수 있는 목표가 읽을 책의 권수를 정하는 작업이었다. 그전 독서가 한 가지 책을 여러 번 보는 방법이었다면 이제는 다양한 분야의 책을 넓게 읽어야 했다. 사실 브랜딩에서 사람들에게 제일 잘 어필되는 부분이 읽은 분량이라는 점도 작용했다.

아주 오랜 시간 동안 문학과는 거리가 먼 독서를 했다. 소설을 다시 읽으며 자기 계발서보다 속도가 나지 않는 나를 발견했다. 중간에 흐름을 놓치기도 하고 의미를 생각하는데 시간이 다소 걸리는 것도 알았다. 왜 그럴까 생각해보니 나의 문장을 읽는 흐름이 오랜 시간 동안 자기 계발서와 건강, IT 같은 설명이나 정보 전달에 맞추어져 있음을 알았다. 자기 계발서는 어느 정도 속도를 낼 수 있었고 몇 가지 흐름을 놓쳐도 상관없었다. 꼭지마다 내용도 다르고 중요한 내용은 다시 반복되기 때문에 그냥 읽기 편했다. 소설은 등장인물을 기억해야 하고 앞뒤 맥락을 이해해야 했다. 잠깐 다른 생각을 하면 뒤의 문장이 이해되지 않았다. 문장의 의미를 이해하는데도 시간이 걸렸다. 평소에 쓰지 않는 단어들이 나오면 다시 속도는 떨어졌다. 다시 앞으로 넘어가서 읽어야 했기에 진행 속도는 하염없이 늦어졌다. 오랫동안 핵심만 얻어내는 책 읽기를 했기 때문이다. 주제를 찾아 정립하고 나의 개념으로 만드는 독서였다. 하지만 소설은 중간에 하나를 놓치면 나중에 인과관계를 연결할 수 없으니 매 순간 집중해야 했다. 문장을 읽는 방식에서 약간의 차이를 보였다. 에세이는 큰 스토리가 없어서 상관없지만, 잘 짜여진 스토리를 가진 소설은 단어 하나를 놓치면 이해하기 어려운 상황도 있었다. 쉽게 말하자면 다큐멘터리를 좋아하던 사람이 드라마 인물과 대사에 감정 이입하기 쉽지 않았던 모양이다. 드라마를 좋아하던 사람은 건조한 다큐멘터리와 뉴스가 따분할 것이다. 물론 스토리를 좋아하지 않는 사람은 없지만, 관심사와 습관에 따라 조금은 달라지는 것을 본다. 그래서 TV 시청을 두고 온 가족이 갈등을 만든다.

처음 자기 계발서를 읽을 때를 기억해 보면, 그때도 무슨 말인지 잘 이해가 되지 않아 고생한 적이 있다. 단어가 어려웠고, 주제 파악하는 데 시간이 걸렸다. 전체가 연결되지 않아서 읽고 또 읽었던 기억이 있다. 이제는 웬만한 분야의 책들은 서로 연결되기 때문에 깊은 내용이 아니면 어느 정도 속도는 나온다. 그래서 생각해 본다. 다독이 중요한 이유는 무엇인가? 다양한 분야의 책을 읽는 것이 왜 중요한가? 한 분야만 집중적으로 읽으면 뇌는 그쪽으로 발전하게 되는 모양이다. 물론 차이가 조금 클 수도 있고, 미미해서 잘 모를 수도 있다. 하지만 자신이 오랫동안 읽어온 분야의 책이 쉬운 것은 사실이다.

사람도 매일 만나는 사람이 편하고 소통도 잘 되는 것처럼 책도 마찬가지이다. 하지만 그런 사람들만 계속 만나면 생각의 크기를 확장할 수 없다. 정보는 친구들 사이에서만 맴돌기 때문에 내가 이야기한 정보가 다시 나에게 돌아온다. 실제로 내가 정확하지 않은 정보를 그저 편하게 이야기했을 뿐인데, 돌고 돌아 진실이 되어 나에게 돌아온 적도 있다. 이야기의 출처를 조사해보니 원인은 나였다. 의외로 이야기는 퍼져나가는 것 같아도 공간 안에 묶여버리는 경우가 많다. 매일 보던 사람, 같은 공간은 익숙하지만, 우리의 생각을 제한하는 위험한 환경이 될 수 있다.

서평을 쓰기 시작하고서는 일주일에 한 권을 계산했다. 50권을 목표로 했는데 어렵지 않게 이룰 수 있었다. 그리고 다음 해는 100권에 도전하기로 마음먹었다. 일주일에 2권을 읽어야 가능했기 때문에 매일 100페이지가량을 꾸준히 읽어야 했다. 바빠서 하루를 놓치면 다음 날 더 큰 부담이 찾아오곤 했지만 쌓여가는 책을 보고 있으면 괜한 보람도 느껴졌다. '북적북적'이란 앱을 사용하면 페이지 수를 계산해서 책의 높이로 나타내 주는 것이 참 재미있다. 책의 권수로 목표를 잡다 보면 가끔은 얇은 책에 대한 유혹도 받기 마련이다. 그래서 '북적북적' 앱 기준으로 내 키만큼 읽을 목표를 잡아보았다. 앱에 들어가면 책의 분량을 정량화해서 숫자로 표현해 준다. 다시 한번 이야기하지만, 숫자 목표를 세워야 마음이 조급해진다. 우리가 목표를 이루지 못하는 이유는 마음이 너무 편안하기 때문이다. 휴가 때 취미로 읽는 독서도 있지만, 전투적으로 쌓아서 내 것으로 만들어야 하는 독서도 있는 법이다.

가장 좋은 점은 이런 숫자는 타인에게도 동기부여가 될 수 있다는 점이다. 그저 '저는 열심히 읽어요'라고 해서는 상대에게 동기가 될 수 없다. 브랜딩이 실패로 이어지는 이유이다. 숫자는 남들도 인정하는 숫자가 중요하다. "일 년에 5권을 제대로 읽고 있어요."보다는 "일 년에 50권 읽어요."가 보여주기에도 좋다. 100권이면 좀 대단해 보이고, 200권쯤 읽으면 신의 영역에 가깝다. 실제로 500권 이상 읽어 내는 이웃도 있다. 나는 독서라는 브랜딩을 이용해서 사업을 시작했다. 그렇다면 더더욱 공유 가능한 숫자가 필요하다. 말뿐이 아니라 100권을 읽고 포스팅을 올린다. 포스팅 기준으로 100권이다. 읽다가 포기한 책도 있다. 도저히 이 책이 아니다 싶으면 중간에 포기한다. 그런 책은 포스팅을 따로 하지 않는다. 물론 2/3 정도 읽고 서둘러 포스팅한 것도 있기는 하다. 그 정도라면 어느 정도 주제와 저자의 의도를 파악했다고 할 수 있기 때문이다. 100권 읽기 도전은 편식 독서에서 다양한 장르로 독서를 확대해 나가는 계기가 되었다.

나는 독서가 나의 삶과 일에 응용되어야 한다고 생각한다. 소설도 읽으면서 교훈이나 카타르시스를 느껴 변화를 만들어주어야 한다고 믿는다. 그래서 '행동하는 독서'라는 브랜드를 만들어 블로그 이름으로 정했다. 이제는 제법 알려져서 그런지 나의 독서에 대해 반론을 제기하는 분들이 별로 없지만, 처음에는 독서를 삶의 변화와 연결 짓는 것은 무리라는 의견도 많았다. 나의 주장이 바르다고 무조건 주장하고 싶지는 않다. 하지만 나는 사업하는 사람으로서 독서를 통해 의식, 관계, 통찰력, 변화, 성공을 가져와야 했다.

매일 글쓰기 1,000일 도전

이 책을 쓰는 동안 '매일 글쓰기' 900일을 지나서 1,000일을 향해 달려가고 있다. 다음 목표는 1,000일이다. 매일 쓰기를 한다는 것은 글쓰기 발전에 매우 중요하다. 주변에 100일 도전을 하는 이웃을 많이 보았다. 성공한 이웃도 있지만, 대부분 중도에 포기하고 말았다. 생각보다 어려운 도전이라 생각한다. 그래서 같이 쓰기를 하는 것은 무척이나 도움이 된다. 서로 끌어주고 끌려가며 목표를 마무리하는 것이다. 100일 도전을 통해 만든 원고로 책을 냈다는 이웃도 만났다. 얼마나 대단한 도전인가? 나는 그 도전을 극대화해보기로 했다.

1,000일 동안 하루도 빠지지 않고 글을 쓴다는 것은 어떤 마음일까? 아침이고 저녁이고 글 재료를 모아야 한다. 블로그 하

는 분들이 가장 어려워하는 대목이 쓸 내용이 없다는 점이다. 주제가 정해지면 뭐라도 쓸 텐데 말이다. 소설창작반에서도 마찬가지이다. 선생님께서 상황극이나 주제를 주면 그런대로 쓰는 것이 어렵지 않다. 하지만 하얀 바탕에 쓰려면 시작하는 게 무척이나 어렵다. 독서는 글 재료를 모으는 데 아주 유용하다. 책을 읽다 보면 다양한 사고가 이어진다. 그 사고를 메모하고 모으면 재료는 어렵지 않다. 글 재료를 모으려고 하면 생각이 많아지고 세상의 모든 것이 다르게 보이기 시작한다. 관찰력, 통찰력, 직관력이 발달한다고 생각한다.

꾸준히 글을 쓰려면 목표를 세워야 한다. 목표는 나아갈 방향을 제시한다. 방향이 없으면 금방 지친다는 것은 누구나 아는 사실이다. 목표는 잘게 쪼개져 작은 계획으로 만들어져야 한다. 세부 계획을 세워야 뭘 해야 할지 알 수 있다. 계획은 전문가와 세우는 것이 맞지만, 글 쓰는 것이 그리 거창한 계획이 필요하지는 않다. 매일 습관을 들여야 하는데 정해진 시간에 쓰면 가장 좋다. 나는 마케팅 업무 때문에 지방을 많이 다니는 편이다. 한자리에 앉아서 쓸 수 있는 시간이 별로 없다. 그래서 생각나는 대로 핸드폰에 적어두는 편이다. 가장 좋은 것은 블로그에 정리하고 매일 포스팅하는 것이다. 그렇게 이어져 매일 포스팅이 가능하다.

일단 쓰려고 마음먹으면 뭐든지 써진다. 생각이 닿는 곳으로 그냥 자판을 두드려 보면 된다. 종이를 펼치고 생각나는 그림, 글씨를 낙서하듯이 써보면 계속 이어지는 경험을 하게 된다. 잘 쓰려고 하니 생각이 장애를 만난다. 처음부터 잘 쓰는 글은 없다. 초고는 쓰레기라는 말이 괜히 생겨나는 것이 아니다. 글이란 다듬고 다듬으면 계속 좋아진다. 나중에는 타협하고 멈추어야 할 때를 아는 것이 쉽지 않다. 그래서 마감 날짜를 정해 놓고 쓰는 것이다. 수정은 끝이 없는 작업이다. 그 작업을 통해 조금씩 발전하는 나를 발견한다. 계속 쓰다 보면 나중에 하나의 흐름이 잡힌다. 그게 내가 쓰는 오늘의 주제가 된다. 몇 가지로 뻗어 나가면 새 글로 저장해 둔다. 한 번에 며칠 분의 포스팅이 만들어지기도 한다. 예를 들어 자동차 수리 때문에 고생했다고 치자. 경험 이야기를 쓰다 보니 삶의 지혜와 연결이 되고, 소모품에 대한 고찰이 이어진다. 자동차 이야기는 뻗어 나가 미래의 방향으로 이어지고 사람들의 질문에 답을 하는 포스팅이 만들어지기도 한다. 주제는 끝도 없이 펼쳐진다. 하물며 책을 읽다가 얻는 생각은 얼마나 많겠는가? 책을 읽으면 주제가 바닥나지 않는다. 이웃의 포스팅을 읽다가 자신의 의견이 생각나는 예도 있다. 자기만의 의견으로 새로운 포스팅이 탄생하기도 한다. 비슷한 주제를 다루는 이웃을 늘려보는 것이 좋다. 서로에게 동기부여를 제공하며 글을 쓸 수 있다.

글 재료에 대해서 고민하는 분이 계셨다. 1일 1 포스팅을 목표로 하고 있는데 한계에 부딪히는 것이다. 원하는 주제는 매일 쓸 수 없으니, 맛집으로 이어지고 글은 삼천포로 새는 느낌이 든다고 했다. 조회 수가 나오지 않으면 마음이 자꾸 풀어지니 신경 쓸게 이만저만이 아니었으리라. 그래서 자신만의 목표를 잡아보시라 알려드렸다. 나는 책을 내겠다는 목표가 생기고 더 집중한 것으로 기억한다. 책을 내겠다고 마음먹었으니 사람들이 들려주는 피드백은 무척이나 도움 되는 선생님이다. 그 포스팅을 모아 책을 낸 것이 첫 책 《가서 만나고 이야기하라》이다. 두 번째 책도 상당 부분은 포스팅에 올려두었던 내용이다. 세 번째 책도 블로그에 올려둔 내용을 중심으로 덧붙이는 이야기가 될 것으로 보인다.

성공은 좋은 습관을 하나 만드는 데서 시작한다. 글쓰기는 배워서 한 번에 되는 것이 아님을 배웠다. 꾸준히 쓰고 또 쓰는 것만이 필요하다. 천재가 아니기에 꾸준함이 비결이다. 실패를 두려워하지 않는 마음을 가지는 것이다. 타인의 비평에 신경 쓰지 않는 것이다. 소설창작반에 참가하면 합평을 진행한다. 타인의 입을 통해 내 글을 평가받는 것은 고통이다. 그 고통 없이 성장하는 것은 없다. 오히려 즐기는 편이 낫다. 블로그에 글을 발행할 때는 두렵다. '발행' 버튼을 누르기 위해 몇 번을 생각한다. 나는 빨리 누르고 생각날 때마다 다시 보며 글을 다듬는다. 돌아다니다 보면 완전한 글을 쓰기가 쉽지 않다. 일단 적어두고 수정하는 것이다. 사람의 눈이 무섭다. 그래서 나를 긴장감 있게 끌어내기 위해 일단 발행한다. 오타가 있다는 댓글이 달리기도 한다. 그때 수정하면 된다. 돈 벌기 위해 쓴 글도 아니잖은가? 사람들의 평가와 피드백을 즐기면서 쓴다.

매일 글쓰기는 같이 쓸 사람 없이 혼자만의 만족으로 진행한 프로젝트이다. 많은 이웃이 글쓰기 반에서 같이 쓰며 어렵지 않게 100일이란 숫자에 도전한다. 나는 본업 때문에 새벽에 나가는 일도 있고 밤늦게 들어오는 경우도 많아서 같이 쓰기가 쉽지 않다. 한번은 새벽에 나가서 집에 들어오니 밤 11:30분이 아닌가? 부랴부랴 컴퓨터를 켜고 글을 썼다. 누가 검사하는 것도 아닌데 나와의 약속을 지키기 위해 생각나는 대로 글을 하나 완성하고 일단 발행 버튼부터 눌렀다. 발행 시간이 다행히 당일로 발간되었다. 일단 발행한 후 수정 버튼을 눌러 오타를 잡고 글을 다듬어 주었다. 중간에 유럽 여행을 갔는데, 시차가 너무 커서 업로드 날짜가 제각각 된 적이 있다. 스마트폰에 한국 시간을 표시해두고, 한국 날짜에 맞춰 업로드했다. 매일 쓰기가 뭐라고 이렇게까지 정성을 들여 쓴단 말인가? 많은 고난이 있었지만, 하루도 빠지지 않고 매일 쓸 수 있었다. 이렇게라도 스스로와의 약속을 지켜야 다음 단계로 꾸준히 나갈 수 있다.

매일 쓰기는 하나의 브랜드가 된다. 나를 만나는 모든 사람이 '저 친구는 매일 뭐라도 포스팅을 하나 올리는 사람이야.'라고 생각한다면 브랜드가 되는 것이다. 그것을 자주 알리기 위해 매일 포스팅 도전에 대해서 글을 쓴다. 목표를 쪼개는 것이다. 100일 단위로 쪼개서 100일, 200일, 300일 …… 600일, 700일을 알린다. 사람들이 인식하도록 만드는 것이다. 조용히 혼자 쓴다면 누가 알아주겠는가? 공표하고 선언하는 것은 나와의 약속을 지키는 데 매우 효과적이다. 사회적 동물이라고 일컬어지는 인간은 타인을 의식하지 않을 수 없기 때문이다.

하나의 100일이 완성되면 이벤트를 열기도 했다. 나에게 남는 책을 보내기도 하고, 나의 첫 책을 사인해서 보내준 적도 있다. 커피 쿠폰을 몇 개 준비해서 같이 축하해준 이웃에게 선물을 보냈다. 커피 쿠폰을 사용하지 않으면 재촉의 메시지를 보내며 소통을 이어갔다. 몇 달이 지나도 쿠폰을 쓰지 않는 이웃이 있어 메시지를 몇 번 보내다가 연락처를 주고받았다. 연락처 없이 캡처된 쿠폰을 보냈기 때문에 연락처는 나중에 알았다. 이웃께서 자신의 동네에 오면 꼭 연락하라고 했다. 또 하나의 인연이 만들어지는 순간이다. 사람을 만나고 인연을 맺고, 서로에게 긍정의 씨앗을 심는 일은 언제나 즐겁다. 시간이 없어 다 만날 수 없는 것이 아쉽기만 하다.

최근 나온 자기 계발서들에도 꾸준히 1,000일을 하면 하나의 브랜드가 된다는 내용이 실렸다. 어떤 일이든 1,000번을 꾸준히 반복하는 것은 남들이 눈여겨볼 만한 숫자이기 때문이다. 타인에게 영향을 미치기 전에 내가 먼저 숫자에 도전해보는 것은 의미가 있다. 인플루언서가 된다는 것은 숫자를 쌓는 일이다.

PART

5

첫 책에
도전하다

01

내가 책을 쓸 수 있을까?

인생을 살다 보면 좋은 책 한 권쯤 써보고 싶다는 생각을 하게 된다. 첫 책을 쓰기 전까지는 책이란 막연한 기대였다. 항상 첫 번째는 어렵고 두렵고 막연하다. 블로그에 글을 쓰기 시작했을 때부터 언젠가 작가의 꿈이 이루어질 거라는 기대 정도만 했다. 하지만 구체적인 계획도 목표도 없었다. 꿈에 달성 시간을 더해야 목표가 된다. 달성 시간을 정하지 못했으니 목표가 없었고, 목표가 없으니 계획은 있을 리가 없었다. 그냥 꿈으로만 남아 있던 막연한 소망 같은 일이었다. 하지만 일이란 일단 어떻게든 시작하면 그 안에서 하나하나 보이기 시작한다는 것이 나의 지론이다. 출간이란 막연한 이미지는 점차 모습을 드러내기 시작했다. 지금은 두 번째 책을 쓰고 있고, 세 번째 책에 대해서 고민하고 있다. 차이가 있다면 이제는 구체적으로 계획을 세울 수 있다는 것이다. 한번 해보면 다음은 어느 정도 쉽게 나갈 수 있다. 어떤 일이든 일단 시작하는 용기를 가지면 방법은 찾아낼 수 있다. 용기가 나지 않으면 응원해줄 사람들 틈에 자신을 두면 된다. 스스로 할 수 없으면 환경이라도 만들어주어야 한다.

내게도 책 쓰기에 도전해 보라는 용기와 에너지를 준 은인이 있다. 블로그 이웃들이 늘어나고 서로 댓글을 달아주며 조금씩 서로에 대해 알아가기 시작할 무렵이었다. 팟캐스트를 알려준 블로그 이웃, 지요 님을 줌에서 만났다.

"하늘혼 님, 책 한번 내시죠. 충분히 가능하겠는데요."

생각지도 않은 제안에 나도 모르게 헛웃음이 났다. 누군가 내게 책을 써보라고 이야기해준 것이 처음이었다.

"작가의 꿈이야 있지만, 제 실력으로는 아직 어림도 없죠."

"아니요. 제가 봐서는 충분한데요."

마치 그런 제안을 기다렸다는 듯 출간의 꿈이 가슴속 깊이 파고들었다. 지요 님은 주변에 소설 쓰기 하는 분들이 많았다. 본인도 소설을 꾸준히 쓰고 있었고, 추리소설을 구상하고 있었다. 책을 낸 작가들을 많이 알고 있으니, 책 쓰기가 당연한 과정처럼 보였던 모양이다. 이런 분들이 제안한다면 가능성이 있어 보였다. 내 주변에는 책을 낸 사람이 별로 없었다. 책을 낸 사람은 보통 대단한 이력이나 글재주를 가지고 있다고 생각했다. 지요 님은 지속해서 격려를 보내주었다. 원래 어떤 일이든 착각에서 시작된다. 할 수 있다는 착각을 얻기만 한다면 결단은 순식간이다. 마음속에 진정한 결단이 이루어지면 성공이든, 실패든 결과를 보게 된다. 그런데 그 시작이 어렵다. 블로그 이웃 덕분에 책 쓰기 결단까지 하게 되었으니 제대로 긍정적 착각을 한 셈이다.

블로그의 친한 이웃에게 내가 책 쓰기를 한다면 어떻겠냐는 질문을 자주 던졌다. 부정적인 대답을 해줄 사람은 아무도 없었다. 누가 부족하겠다고 하겠는가? 내 확신을 더 강화하기 위한 노력이자 착각을 재확인하려는 조치였다. 많은 분의 응원과 격려가 착각을 만들어 나를 재촉하기 시작했다. 일단 열심히, 꾸준히 하는 것은 기본이다. 하지만 그것을 일으켜 세워주는 것은 타인의 충고가 되기도 한다. 특히 인간은 사회적 동물이 아닌가? 사람과 동참하며 에너지와 열정을 키운다. 블로그는 글쓰기 매체지만, 사람들과 소통하고 관계를 맺는 매체기도 하다. 블로그 이웃들이 없었다면 한발도 나가지 못한 채 시간만 보냈을지도 모른다. 블로그에 멋진 글쓰기만 하지 말고 좋은 이웃을 많이 만들고 그들과 적극적으로 소통하기를 추천한다.

책을 내보라는 그녀의 한마디가 행동으로 옮겨지는 것은 그리 오래 걸리지 않았다. 출간에 관한 희미한 로드맵이 머릿속에 그려졌다. 운전하며 글쓰기에 관한 유튜브를 들었다. 시간 나는 대로 출판에 관한 책도 읽었다. 행동하면 할수록 더 구체적으로

그 꿈은 내 앞에 다가오는 것만 같았다. 책의 대략적인 구성을 만들고, 가제를 정하고, 방향성을 추가했다. 경쟁 도서도 고민했고, 마케팅 지원도 구상했다. 일단 투고해야 한다는 책의 조언대로 출간의뢰서를 작성했다. 블로그 포스팅 쓰기 형식을 종이책 쓰기 형식으로 방향을 바꾸었다. 눈에 잘 띄는 이쁜 포스팅을 내려놓고 원고를 쓰는 듯한 포스팅을 쓰기 시작했다. 매일 쓰는 글이 원고가 되어야 했다.

최근에 많은 이웃이 책을 내고 싶다며, 방법을 물어온다. 그때마다 나는 똑같이 이야기해 주고 있다.

"지금 능력으로도 충분합니다. 도전해 보세요!"

내가 그랬던 것처럼 그분들에게도 충분한 가능성이 있다고 생각한다. 어느 날 오랫동안 블로그 이웃으로 지내던 분께서 비밀 댓글로 글을 남기셨다.

"내가 운영하는 블로그 잘 보셨죠? 혹시 이런 글들도 책이 될 수 있을까요?"

나는 "당연합니다."라고 대답해 드렸다.

남들과 다른 경험이나 취미를 가지고 있다면 충분히 글이 되고도 남는다. 그 느낌은 그냥 가져지는 것이 아니다. 직접 도전하고 사람들과 어울리며 만들어진 것이다. 경험을 사람들과 나누는 일은 매우 보람된 행동이다. 나눔은 삶의 행복과 기쁨을 선사해준다.

그 이후로도 출판, 계약, 투고에 대한 많은 질문을 받았다. 정보를 공유하고 나눈 이웃의 책이 출간되기 시작했다. 출간이 늘어나며 작가 마을이 아닌가 싶을 정도로 작가가 많아졌다. 이 움직임은 수많은 사람에게 출간의 꿈을 심어주고 있다. 꿈의 도서관에서 운영하는 에세이 글쓰기의 인기가 올라가는 것을 보면 긍정적 영향이 퍼져나가는 것을 느낄 수 있다. 글 써보고 싶어 하거나, 책 써볼 꿈이 있는 분들에게는 열심히 격려를 보내고 있다. 도와드릴 테니 해보라고 응원한다. 내가 받은 격려를 나누어 주고 있다.

부산에 갔다가 처음 책 쓰기를 권유한 지요 님을 만나 감사함을 전했다. 일 년 만에 나는 자기 계발서 저자, 꿈의 도서관 대표가 되어 있었다. 누군가의 작은 믿음은 씨앗이 되어 하나의 나무가 된다. 이제 내가 맺은 씨앗을 누군가에게 나누어줘야 한다고 생각한다. 최근에는 지요 님의 능력을 알고 있었기에 강사 양성 훈련 과정 자리를 제안했다. 누군가의 용기에 힘을 얻은 나는 그 에너지를 다시 돌려주고, 더 많은 사람과 나누고 있다. 꿈의 도서관은 어느새 작가들의 산실로 발전하고 있다. 이 책도 나의 경험을 나누고 싶은 마음 중의 하나이다. 책으로 정리해서 알려준다면 가장 강력한 도구가 될 것을 확신한다. 책으로 경험을 나누고 더 많은 분과 공동체를 만들면 서로에게 힘이 될 거라 믿는다.

02

책 쓰기 준비

북리뷰로 글을 써 내려가다가 문득 글 잘 쓰는 방법이 궁금해졌다. 그때 읽었던 책이 김민식 작가님이 쓴 《매일 아침 써봤니?》였다. 매일 쓰는 힘이 얼마나 중요한지 깨닫기 시작했고 나를 성장시키는 글쓰기에 도전하기로 했다. 세바시에서 강의를 듣기도 했지만, 막상 시작하고 나니 무슨 의미인지 인지하기 시작한 것이다. 그래서 작가님이 했던 그대로 매일 아침 써보기로 했다. 북리뷰는 하던 대로 일주일에 두 번 정도 올렸지만 빈틈을 채울 글쓰기가 필요했다. 꾸준히 쓰고 있던 '생각 정리' 카테고리 글의 분량을 늘려야 했다. 이 카테고리는 책에서 얻은 힌트를 중심으로 나의 경험과 생각을 쓰는 곳이라 콘셉트를 잡아쓰는 데 시간이 걸리는 작업이었다.

블로그 이웃이 김민식 작가님을 초대했다고 했다. 온라인으로도 방송을 해주신다고 해서 신청하여 작가님을 만났다. 글쓰기에 관한 질문도 했고 도움도 받았다. 사인 책을 받아 다시 읽었다. "일단 원고를 쓰라. 마음에 들지 않으면 원고를 쓰고 묵혀두라. 글 실력이 늘었다고 생각하면 나중에 다시 꺼내 읽어보고 수정하라. 그렇게 투고해도 늦지 않다." 작가님으로부터 뭐든 도전해보고 싶은 용기를 얻었다.

하나의 카테고리를 만들고 일 년만 채우면 책이 된다는 말을 보며 일 년 정도 집중해보기로 했다. 365일이라는 숫자가 가지는 마법을 믿어보기로 한 것이다. 100일은 글쓰기 향상에 너무 짧은 것 같고, 200일은 약간 의미가 부족해 보였다. 1년은 누구도 쉽게 하지 못하는 인내의 숫자라 생각했다. 블로그에서 일 년 동안 매일 글쓰기 했다는 이웃을 거의 보지 못했다.

"그래! 일 년 매일 글쓰기에 도전해 보자!"

매일 쓰기도 쉽지 않았지만, 아침에 쓰기는 더더욱 쉽지 않았다. 아침에 쓰기를 하려면 일찍 일어나는 습관을 지녀야 했다. 많은 성공자가 아침 조용한 시간에 사색하고, 책을 읽고, 글을 썼다고 하니 무조건 따라 해보기로 했다. 늦게 일어나는 편은 아니었지만 조금 기상 시간을 앞당겼다. 그 시간에 책을 읽고 느낀 점이나 나의 경험을 이어 붙여 글을 하나씩 완성해 나갔다. 이웃의 숫자가 늘어갈수록 블로그에 투자되는 시간도 같이 증가했다. 글만 올리면 되는 것이 아니라 이웃과 소통을 해야 인지도도 넓히고 재미도 있다는 사실을 배웠다. 내가 아무리 글을 멋지게 써도 브랜드 없는 초보자에게 주목해줄 사람은 아무도 없으니 많이 소통하는 것만이 내가 할 수 있는 최선이었다.

글이 쌓여가며 이웃도 증가하고 소통이 늘어가며 그야말로 찐 이웃도 생기기 시작했다. 찐 이웃의 블로그에 들어가며 많은 것을 배웠고, 또 다른 이웃으로 확장되며 각양 각층의 사람들을 알게 되었다. 블로그에 글쓰기 잘하는 책도 읽어보았지만 별 도움은 받지 못했다. 블로그는 나에게 브랜딩이라기보다는 글을 잘 쓰는 매개체라는 생각에 빠져있을 때였다. 시간이 지나면서 블로그가 브랜딩에서 매우 중요하다는 점을 인식했다. 조회 수를 늘리는 것이 왜 중요한지, 나의 브랜딩 이름을 정하는 것, 나를 가장 잘 나타내는 이름이 필요했다. 그래서 '행동하는 독서'라는 브랜드를 만들었다. 브랜딩에 관련된 책도 읽고 강의도 몇 개 들으며 브랜딩을 공부해나가자, 블로그가 다시 보이기 시작했다.

마침 블로그 이웃 중에 브랜딩 전문가라고 소개된 분에게 브랜딩 관련 책을 소개해 달라고 부탁했다. 이런 점들이 블로그하면서 가장 좋았던 점이다. 모르면 알려줄 사람들이 넘쳐나는 공간이 블로그였다. 글로 소통하고 있었기에 좀 더 진심이라는 느낌들. 아는 것을 기꺼이 나누어주려는 마음. 인간의 가장 고유한 선의라고 생각한다. 이 책을 쓰는 이유 중의 하나도 내가 걸어온 길을 누군가에게 제시하고 싶다는 욕구의 표현이다. 소개해준 책을 읽고 '행동하는 독서'라는 브랜딩을 위해 일관된 방향으로 나가야 한다는 사실을 알았다. 저자의 다른 책도 찾아 읽으며 퍼스널 브랜딩을 좀 더 심화시켜 가는 중이다.

매일 쓰는 것은 어렵지 않은데 쓸 게 없다는 것이 가장 힘든 일이다. 쓸 재료를 찾기 위해 책을 더 읽었을지도 모른다. 일상의 사건이나 사람들이 그냥 보이지 않는 경험을 하게 된다. 모든 것이 의미가 있고 글 재료가 된다는 사실도 경험하게 된다. 처음에는 과거의 내 경험이 글 재료가 되었다. 나는 기억력이 좋은 편이고 모아둔 사진들이 있으므로 보고 있으면 과거의 기억들이 살아나서 그냥 그런대로 쓸 수 있었다. 하지만 지금은 일주일에 한두 편의 에세이를 쓰고 있다. 그러다 보니 매일 일상이 의미가 되고, 보고 들은 것을 그냥 넘기지 않고 생각을 더한다. 생각에 생각을 거듭하게 되고 현재와 과거를 이어주기도 한다. 꿈의 도서관을 진행하면 또 다른 글쓰기 재료들이 무궁무진하게 생겨나고 있다. 글쓰기 재료가 없다면 밖으로 한 번만 나가보면 된다. 마주치는 사람들, 들은 이야기들, 놀이터의 아이들, 카페에서 생긴 일, 친구들과의 만남, 일에서 생긴 에피소드 등 모든 게 글 재료가 된다. 쓰려는 욕심만 조금 낸다면 누구나 매일 글쓰기를 할 수 있다. 이것은 내가 직접 체험한 이야기지만, 모든 글쓰기 책에 나오는 내용이다. 그런데도 글 재료로 고민한다면 해보지 않았기 때문이다. 매일 쓰기를 결단하면 누구나 쉽게 찾아지는 순간들이다.

03

본격적 책 쓰기 돌입

출간하기로 결정하면 가장 먼저 부딪치는 문제가 콘셉트이다. 꾸준히 써온 블로그 포스팅이 있어서 내용은 어느 정도 준비되었다고 생각했다. 매일 글쓰기를 도전하며 모인 블로그 글이 200편 이상 있었으니 일정 분량의 원고는 나오리라 예상했다. 하지만 포스팅과 책의 꼭지는 다르지 않은가? 어떻게 책의 콘셉트를 만들고 글을 구성해야 할지 정해야 했다. 아무래도 블로그 포스팅은 책의 한 꼭지보다는 짧은 글인 데다, 특별히 전체적 맥락을 신경 쓰지 않았기 때문에 하나의 흐름을 만들어야 했다. 글은 쓰면 되지만, 책은 콘셉트가 생명이다. 시대와 트렌드, 독자의 관심, 하나의 맥락, 말하고자 하는 주제 등이 명확해야 했다.

일단 책에서 본 대로 출간기획서를 만들었다. 나의 소개, 글을 쓰게 된 배경, 의도, 목차, 경쟁 도서, 그리고 이미 쓴 글 중에 적당한 것을 하나 추가했다. A4 용지 3장 정도 분량의 출간기획서를 출판사에 보내기 시작했다. 원고를 전부 만들지 않은 이유도 있었다. 콘셉트가 맞지 않으면 소용이 없을 거라 판단했기 때문이다. 계약이 체결되면 출판사 방향에 맞는 콘셉트로 원고를 다시 만들어야 했다. 출간에 관한 책을 통해 배운 대로 했다. 한 달 동안 많은 출판사에 이메일로 투고했지만 대답이 없거나 복사, 붙여넣기 한 형식적 대답뿐이었다. 가끔은 도움이 될 거 같다며 몇 줄 적어주는 출판사도 있었지만 그리 흔하지 않았다. 그때는 한 줄이라도 답을 주는 것조차 얼마나 고마웠는지 모른다. 반복되는 거절은 나를 냉정하게 돌아보도록 만들었다. 다시 갈등이 찾아왔다. 이 방법이 과연 옳은 방법인지 다시 점검할 필요가 있었다.

투고와 거절을 반복하다 블로그에서 책 쓰기 강의를 접했다. 적게는 몇십만 원부터 많게는 몇백만 원도 받고 있었다. 빠르면 한 달 안에도 출간할 수 있다고 했다. 어차피 블로그에 모아놓은 포스팅이 있어 쉬워 보였다. 약간의 수정만 거치면 바로 출간이 가능할 것 같았다. 투고에 지쳐갈 때 이런 유혹은 매우 강력하게 다가온다. 처음부터 글 쓰는 교육을 해주고, 글의 주제도 주는 것 같았다. 출판기획서도 만들어주고 투고할 출판사 리스트까지 준다고도 했다. 후기를 보니, 수강생 대부분이 출판사 계약을 맺었다고 한다. 갈등은 더 깊어졌다. 출판사가 좋아할 콘셉트나 공식이 있다면 역시 혼자서 글쓰기는 힘들다는 생각이 들었다.

'이렇게 조직적으로 작가를 양성해 내는구나.'

그러다 문득, 책 한 권 내자고 그렇게 많은 돈을 쓰는 것이 맞나 싶었다. 어쩌다 한 권은 낼지 모르지만, 다음 책은 또 어떻게 낼 것인가? 책만 낸다고 되는 것도 아니고, 어떻게 홍보할 것인가? 매번 이런 출판 시스템의 도움을 받을 수는 없었다. 힘들지만 출간 과정을 통해서 나의 글쓰기 실력을 제대로 늘려보자고 마음먹었다. 특히 아내가 옆에서 응원해주었다.

"혼자 하면 힘은 들겠지만, 하나하나 고민하고 성취해 내면 그건 정말 대단한 일이 아닐까? 그건 오로지 당신 거잖아."

그래서 오기가 좀 생겼다. 골이 깊으면 산이 높다고, 고생해서 얻은 결과가 더 값지고 의미를 부여할 것이라 믿었다.

'그래, 어차피 혼자서 시작한 일인데, 끝까지 내 손으로 해보자. 이런 것들이 나의 경쟁력이 되는 거지. 남들이 도와주고 쉽게 성취한 결과는 또 그만큼의 대가를 요구할 거야.'

당시 내가 가진 정보는 블로그에서 찾은 '투고하는 법'과 '책 쓰기'에 관한 책뿐이었다. 블로그를 시작했으니 출간의 욕심도 생겼지만, 블로그 아니었으면 책을 낼 수도 없었을 것이다. 그러다가 브런치를 해보라고 제안해 주셨던 밤호수, 임수진 작가님께서 책을 계약했다는 소식을 들었다. 아니 계약을 했다는 밤호수 님을 늦게 알았다. 염치 불고하고 바로 도움을 요청했다. 미국 시각과 맞추기 위해 줌으로 밤늦게 만났다.

"원고는 작성하신 거죠?"

밤호수 님의 첫 질문에 당황했다.

"네? 원고요? 책에 보니까 원고 없이도 투고할 수 있다고 하던데요?"

"초보 작가가 원고도 없이 투고하면 읽어줄 사람이 있을까요?"

"블로그에 쓴 글들이 있으니 원고를 만드는 데 어려움은 없을 거 같아요. 원고부터 만들어보죠. 제가 검토해 드릴게요."

"그럼 최대한 빨리 만들어서 보내드릴게요."

일주일 만에 블로그에 올린 글을 묶어 하나의 흐름을 만들어 목차를 구성하고 원고를 만들었다. 처음부터 콘셉트를 가지고 글을 쓴 것이 아니라, 매일매일 생각 정리한 것이라 흐름을 잡는 데 어려움이 있었다. 블로그 글을 흐름에 맞추어 수정해야 했다. 내가 평소에 생각했던 주제를 바탕으로 그동안 썼던 글을 분류했다. 그렇게 만든 것이 《가서 만나고 이야기하라》이다. 보통은 주제와 콘셉트를 잡고 소주제를 정한 뒤에 꼭지를 잡아나가며 글을 쓰지만, 나는 이미 발표했던 글에서 관통하는 주제를 잡아 나중에 정리했다.

원고를 써보라고 일러준 임수진 작가님께 원고를 보냈다. 책한 권에 해당하는 분량이라 읽어주기란 쉽지 않았을 것이다. 더구나 임수진 작가님은 자기 계발서를 전혀 읽지 않는다고 했다. 내 원고가 자신의 인생에 첫 자기 계발서라고 하니 어떤 답변이 올지 궁금했다. 그런데 오래되지 않아 바로 답변이 왔다.

"죄송해요. 아직 읽지 못했는데요. 제가 계약한 출판사 대표님께 원고 검토를 부탁했어요. 그분이 자기 계발 분야를 오래 하셔서 아마 제대로 피드백을 해주실 겁니다. 좀만 기다려 보세요."

얼마나 고마운 일인가? 다른 사람의 원고까지 검토해 주겠다는 블로그 이웃이 생겼다는 것만으로도 참 감사한 일인데, 자기 계발 전문가가 검토해 준다니. 더구나 출판사 편집자 겸 대표라면 최고의 전문가 아니겠는가? 한 번도 전문가라는 사람에게 글을 지도받아 본 적도 없었고, 조언을 받아본 적도 없으니 최고의 기회였다. 그렇게 생각지도 출판사 김은영 대표님과 인연이 닿았다.

대표님께서 바로 이메일을 주셨다. 대강이라도 읽은 후에 연락을 주시겠다는 내용이 내게 큰 용기를 선사했다. 몇 달 동안 힘든 투고 과정을 반복하고 있었기 때문에 단순 답변이라도 좋았다. 이후 김 대표님으로부터 두 통의 이메일을 받았다. 첫 번째 메일에서는 평면적이고 핵심 주제가 부족하다는 피드백을 보내주셨다. 메일에는 냉정한 피드백과 포기하지 말라는 희망이 공존하고 있었다. 답변 이메일을 읽고 또 읽으면서 내 마음은 하염없이 무너졌다. 비전문가 혼자 작업한 한계가 절실히 드러났다. 블로그에서 이웃들이 좋다고 말한 것과 전문가의 눈은 달랐다. 특히 콘셉트가 부족하다는 평가는 정확했고, 글을 쓴다고만 되는 것이 아님을 깨달았다.

일주일 동안 답변 메일에 사로잡혀 갈피를 못 잡았다. 두 번째 메일에서는 첫 번째 피드백 메일을 보내고 밤에 걱정이 많으셨다면서, 다시 힘차게 나가시길 바란다고 하셨다. 너무나 감사한 메일임에도 불구하고 나에 대한 불확실성은 해결되지 않았다. '글쓰기를 제대로 배운 적 없이 무모한 도전을 한 것의 최후가 이것이구나.' 싶었다. 처음부터 돈을 투자해서 시작할 걸 괜한 헛수고로 시간만 버린 것 같았다. 출판 목적으로 글쓰기를 시작한 건 아니지만, 6개월의 시간 동안 열심히 쓰고 모은 것들이 다 소용이 없다는 생각이 밀려왔다. 다시 쓸 자신도 없었고, 더 발전할 수 있을지도 의문이었다. 시간이 지나면서 그 속에 숨어 있는 희망을 찾아내기 시작했다. 지금도 김은영 대표님의 마지막 구절이 기억난다.

"한 권의 책을 써보셨다면 또 하실 수 있을 것 같아요."

어설픈 블로그 모음의 원고였지만 나는 책 한 권 이상을 쓴 사람이라는 말이 가슴에 남았다. 방향만 잘 수정하고 다듬으면 언제고 두 권, 세 권을 다시 쓸 수 있다는 희망의 메시지였다.

세상일은 혼자 열심히 한다고 되는 것도 아닌 듯싶다. 알게 모르게 여러 면에서 도움을 주고받으며 성장한다. 건네준 사람의 의도와 다른 해석을 내릴지라도 그것이 나에게 도움 되는 것이라면 어찌 되었든 좋지 않은가? 내게는 아주 강력하고 냉정한 희망이었다. 많은 거절과 실패를 걸어왔던 나에게도 냉정한 피드백은 고통이었다. 하지만 지금은 일주일을 고민하게 해주었던 김은영 대표님께 감사의 인사를 드리고 싶다. 지금은 김 대표님과 자주 통화하는 사이가 되었다. 꿈의 도서관을 위해 기꺼이 무료 강의도 진행해주셨다. 덕분에 출판과 마케팅에 관해서 많이 배웠다. 지금도 감사한 마음으로 소통하며 지내고 있다.

다시 쓰기에 집중하는 시간을 가졌다. 본업 때문에 만만치 않은 시간을 할애해야 하는 나로서는 두 가지 일을 병행하며 원고를 쓴다는 것이 쉬운 일이 아니었다. 가다듬고 또 가다듬으며 매일 원고 쓰는 작업을 이어갔다. 지금도 그렇지만, 바쁘면 며칠 동안 원고를 제대로 보지도 못한다. 그래도 매일 블로그 쓰기는 이어갔다. 내가 글 쓰는 이유의 기초는 블로그라는 사실을 잊지 않았다. 다양한 주제로 매일 글쓰기도 꾸준히 이어갔다. 하루에 두 개의 글을 쓰는 셈이 되고 말았다. 하나는 블로그 글쓰기, 그리고 투고할 원고 글쓰기였다.

다시 투고를 결정하고 두 번째 책을 냈다는 에린쌤 님께 비밀 댓글을 보냈다. 에린쌤 님은 여행 블로그를 운영하시며 이미 두 번째 책을 쓰고 계셨다. 혹시 투고할 출판사 리스트가 있다면 알려주실 수 있는지 도움을 요청했다. 기꺼이 엑셀로 작업된 리스트를 보내주셨다. 완성되지 않은 리스트라는 사실을 금방 알 수 있는 문서였다. 나름 출판사의 성향까지 분석해 두셨는데, 피드백 받은 내용까지 간단히 적혀있었다. 투고 날짜는 있는데 피드백이 없는 걸 보니 아무런 대답도 듣지 못한 듯했다. 한 권의 책을 냈음에도 두 번째 책 투고에도 적지 않은 노력을 쏟고 계셨다. 어려움은 나만의 문제가 아니라는 사실이 위로가 되었다. 매일 다섯 군데 출판사에 이름을 바꾸고 내용을 조금 수정해서 원고를 보내기 시작했다. 원고를 보낼 때는 반드시 출판사 이름을 적어 보내는 것이 좋다. 복사해서 붙여넣기 한 느낌으로 보이면 기분이 좋을 리 없다.

투고할 때 팁이 있다면 아침에 보내는 것이 좋다. 얼마나 많은 투고가 들어올지 생각해 보면 답을 찾을 수 있다. 어제저녁 보낸 투고보다 오늘 아침 투고가 가장 먼저 눈에 들어오지 않겠는가? 전날 저녁에 보낸 메일은 한참 밑에 있어서 그냥 넘겨버릴지도 모른다. 아침마다 투고 작업을 꾸준히 이어갔다. 책에 나온 이메일 주소를 모두 메모했고, 출판사 홈페이지를 뒤져 이메일 주소를 얻었다. 홈페이지에서 직접 원고를 보내야 하는 곳도 있어 다시 정리해서 보냈다. 간혹 잘 받았다는 답장을 주는 곳도 있었지만, 대답이 없는 경우가 많다. 피드백을 해주는 경우는 거의 없다. 김 대표님께서 아픈 검토를 해준 것이 얼마나 고마운 일인지 다시금 깨닫는 시간이었다. 출판도 바쁜데 원고를 얼마나 깊이 검토하겠는가?

   40군데 정도 투고했지만 변변한 연락 한번 받아보지 못했다. 투고를 이어가며 한 달 때쯤 지났을 때 전화벨이 울렸다. 약속이 있어 아침 일찍 나왔는데 모르는 번호로 연락이 왔다. 습관처럼 급하게 받았다. 출판사 대표께서 투고한 메일에 관해 이야기를 나누고 싶다고 했다. 좀 전에 보낸 원고를 검토하시고 바로 연락을 주셨다. 연락받은 기쁨보다 원고를 좋게 본 이유가 더 궁금해서 물었다.

   "작가님 원고는 자신의 이야기가 많아서 경쟁력이 있다고 생각했습니다. 요즘 원고 받아보면 대부분 글쓰기 모임에서 일률적으로 같이 쓴 흔적들이 많이 보이는데요. 작가님 원고는 다소 신선한 느낌이 살아 있더라고요."

   나를 알아주는 출판사는 반드시 있다는 말은 사실이었다. 편집자들이 보는 시각은 이렇게나 다를 수 있다는 것이 놀라웠다. 초보 작가의 글을 앞부분이나마 읽어주셨다는 것이 너무나 감사했다. 출판 과정과 계약에 대해 더 이야기를 해주신 후, 좀 더 검토해보고 연락을 주겠다고 하셨다. 하루를 어떻게 보냈는지 모를 정도로 기분이 날아갈 듯했다.

주변에 책을 냈다고 하는 분들에게 연락하여 통화를 요청했다. 내가 들은 조건과 계약금이 타당한지 물었다. 이런 부분은 극히 비밀스러운 부분이라 공유된 것이 별로 없었다. 돈 문제는 언제나 어렵지 않은가? 작가님들과 이야기를 나누어 보니 마케팅을 제대로 해주는 곳이란 느낌을 받았다.

과정을 하나하나 되짚어보면 투고에 성공한 요인을 크게 2가지로 압축해 볼 수 있다. 하나는, 출판을 위한 전략적 글쓰기를 하지 않았다는 것이다. 좀 의외의 답일 수 있지만 이것은 사실이다. 우리보다 출판사 편집자는 눈치가 더 빠르다. 글쓰기 모임에서 쓴 글은 특유의 비슷한 점이 보인다고 한다. 비슷한 문체에 유사한 내용이 보이는 경우도 많으므로 '또 어느 글쓰기 모임에서 단체 투고를 했구나' 하는 생각이 든다고 한다. 나는 블로그에 매일 솔직한 글을 썼다는 점이 가장 강력한 무기가 된 셈이다. 비록 그 글이 어떻게 쓰일지 몰랐지만, 진정성 있는 글이 된 것이다. 두 번째는, 블로그 조회 수가 꽤 많이 나오고 있었다는 점이다. 출판사는 좋은 책을 내는 것만큼이나 마케팅을 걱정한다. 따라서 출판사에 더해 작가의 마케팅 능력도 매우 중요하다. 나는 유튜브에 '북텔링' 영상도 올리고 있었고, 팟캐스트에도 손을 대고 있었다. 꿈의 도서관이라는 회사에도 소속되어 있었기 때문에 다양한 마케팅이 가능했다. 책을 낸다는 것은 단순히 글만 쓰는 것이 아니다. 책은 남들에게 읽히라고 내는 것이기 때문에 독자의 손에 선택되어야 하는 운명을 타고났다. 만약 출간을 목적으로 한다면 블로그 정도는 미리 잘 만들어 놓는 것은 매우 중요하다. 이런 경험이 나중에 비즈니스에서 내가 무엇을 해야 할지 고민하는 계기가 되었다.

그때 내게 투고 이메일 주소를 아낌없이 넘겨주신 에린쌤 님과도 친해졌다. 에린쌤 님은 우리가 운영하는 꿈의 도서관에서 자신의 두 번째 책《한 달 만에 블로그 일 방문자 수 1,000명 만들기》에 대한 강의도 해주셨다. 그분의 두 번째 책 오프라인 북토크에 참여하여 인사도 나누었다. 코로나가 심해서 오프라인 북토크가 쉽지 않았지만, 은혜를 갚기 위해 기꺼이 서울로 향했다. 누군가와 도움을 주고받으며 하나씩 만들어 가는 것은 의미 있는 상생의 과정이다. 블로그는 단순히 글만 쓰는 곳이 아닌, 사람이 같이 숨 쉬고 도움의 손길을 나누는 곳이란 점을 이야기하고 싶다.

퇴고하며 글쓰기와 출판을 배우다

어차피 계약하게 되었다면 이 기회를 제대로 활용하여 책 쓰기를 배워보고 싶었다. 이메일로 계약서를 보내주겠다는 대표님에게 직접 가서 계약하겠다고 고집을 부렸다.

"그럼 오세요. 작은 출판사에 뭐 하러 오려고 하시는지 모르겠지만, 얼굴 뵙고 계약하면 더 믿음이 가죠."

일부러 바쁜 시간을 쪼개어 일산으로 향했다. 다행히도 대표님께서 엄살 피실 정도로 작은 출판사는 아니었다. 편집자가 몇 분이나 되는 제법 규모가 있는 출판사라서 참 다행이었다. 대표님과도 이야기가 잘 통했고, 편집자도 열정이 있어 보여 몇 가지 설명만 듣고 계약서에 사인했다. 최근에 출간한 책도 주시면서 참고해서 퇴고하라고 조언해주셨다. 퇴고를 위해 무엇을 해야 하는지 이런저런 설명을 들었다. 만약 계약한다면 거리가 다소 멀더라도 출판사를 방문해 보고 계약을 맺는 것이 좋다. 그 자리에서 출판사가 출간한 도서들과 출판 방향, 주요 장르에 대해 알 수 있다. 특히 나를 후원해 줄 편집자님과 눈을 마주치고 의견을 나누었기 때문에 어느 정도 믿음이 생겼다.

일단 투고해서 출판사와 계약이 된다면, 그때부터 원고 마무리를 하면 된다. 투고할 때는 최종 원고 대비 50% 정도만 쓰면 될 것 같다. 나머지는 계약 후 추가 마무리하면 된다. 편집자는 팔리는 책을 쓰는 전문가이다. 편집자가 원고 마무리 방향을 안내해줄 수도 있다. 그런 전문가와 일을 해보는 것은 엄청나게 도움이 된다. 수개월 고민했던 것을 한 번에 알려주기도 한다. 책으로 배운 출판을 전문가를 통해 배우는 시간이다. 한 권을 내더라도 제대로 배우고 싶었다. 그 경험과 정보를 통해 다른 사람의 출간을 돕는다면 얼마나 좋은 일인가? 타인의 출간 꿈에 일조할 수 있다는 생각만으로도 즐겁다. 책을 여러 권 내면 출판의 달인이 될 수밖에 없을 듯하다.

나는 두 명의 편집자를 만났다. 한 분은 책임자였고, 다른 한 분은 실무를 같이 하는 과장님이었다. 왜 원고 분량을 늘려야 하는지, 문체는 뭐로 하면 좋을지, 원고 수정할 때 참고할 사항들, 기승전결을 어떤 식으로 해야 독자들이 좋아할지 등 다양한 것을 말씀해 주셨다. 대부분 수용했지만, 양보할 수 없는 부분은 조율했다. 글쓰기에 답은 없으니 의견이 많을수록 좋지 않겠는가? 짧은 미팅이었지만 많이 배웠다. 일 년에 책을 수십 권 내는 전문가와 한 시간 정도 미팅을 한다면 우리가 얼마를 내야 할까? 글쓰기를 전문적으로 배운 사람이라면 뻔한 이야기라 생각할지도 모르겠다. 하지만 밑바닥에서 도전한 내게는 배움 하나하나가 소중했다. 원고지 700매 정도 되는 분량에서 900매까지 늘리기로 했다. 한 달 동안 더 많은 내용을 추가했다. 나중에 출판될 때는 750매 정도로 편집되었다는 것을 알았다. 150매 정도는 어디로 갔단 말인가? 편집자에게 이유를 물었다. 꼰대 느낌은 제외했다고 하는데, 아무래도 260페이지 분량을 맞춘 듯 보였다.

출판사 이야기 중 하나를 소개하자면, 앞서 언급한 것처럼 원고가 물밀듯 들어오는 때가 있다고 한다. 그런데 원고들이 대부분 비슷한 경우가 많다. 왜냐하면 어느 글쓰기 프로그램에서 코치를 받아 한 번에 투고하기 때문이다. 그런 원고들을 보면 비슷한 느낌을 준다고 하니, 당연히 원고들은 특색이 없을 것이다. 편집자들이 싫어하는 원고라고 한다. 그래서 꾸준히 나만의 글쓰기를 만들어야 한다. 글쓰기만이 아니라 스피치도 마찬가지이다. 좋은 말은 다 하는 거 같은데 무슨 말인지 못 알아들을 스피치가 있다. 때로는 어디서 많이 들었던 내용으로만 일관하는 스피치도 있다. 나만의 생각, 경험을 이야기하는 것,

그것을 글로 옮기는 것이 가장 좋은 글쓰기, 설득력 있는 스피치가 된다.

계약 마치고 나오는 길을 배웅하시며 "정말 좋은 책 같이 만들어보자."라고 했던 말이 귓가에 남았다. 출간되면 노력한 편집자들 피자 꼭 사달라는 말도 추가하셨다. 자기 계발서는 새해에 많이 팔리므로 12월까지 마무리하자고 했다. 그러려면 한 달 내에 모든 원고를 끝내야 했다. 9월은 어떻게 보냈는지 모를 정도로 퇴고에 집중했다. 보고 또 보고를 반복하다 보니 나중에 책이 나왔을 때는 읽어보고 싶지도 않을 정도였다. 하는 일이 바빠서 다양한 방법을 총동원했다. 지방 출장 중에는 시간이 나면 차 안에서 수정했다. 노트북을 가지고 다니며 틈나는 대로 읽고 수정했다. 태블릿으로 옮겨 손 글씨 기능으로 수정하기도 했다. 좁은 차 안에서 수정하려면 노트북 타이핑에 제한이 많을 수밖에 없다. 그래서 선택한 것이 태블릿 손 글씨 기능이었다. 펜으로 글씨를 쓰면 텍스트로 전환되는 기술들이 글쓰기에 나쁘지 않았다. 혹시 핸드폰으로 글을 써야 한다면 이 방법도 나쁘지 않다. 집에 돌아와서도 굳이 컴퓨터 앞에 앉을 필요가 없었다. 그냥 소파에 앉아 편하게 글을 쓸 수 있었다. 마치 원고지에 펜으로 글을 쓰듯 손으로 글을 쓰는 느낌이었다. 블루투스 키보드를 가지고 다니며 틈나는 대로 쓰는 것도 좋다. 혹시라도 열악한 환경에서 글을 써야 한다면 나처럼 다양한 방법으로 해

보는 것도 좋겠다.

잠시나마 시간이 나면 카페에 들어가서 집중해서 한 시간 정도를 썼다. 클라우드에 공유하고 집에 와서 PC로 다시 정리했다. 집에서는 PC로, 나와서는 태블릿으로 퇴고를 이어갔다. 매일 새로운 파일로 저장해 나가니 파일이 매일 날짜별로 쌓여갔다. 그래도 '한글' 프로그램이 어느 정도 맞춤법과 문구를 추천해 주니, 왜 글쓰기 하는 사람이 이 프로그램을 사용하는지 알 것 같았다. '한글'은 잘 쓰지 않던 프로그램이었다. 그동안 내게는 엑셀이나 파워포인트가 익숙한 프로그램이었다. 퇴고하는 과정 덕분에 한글 전문가가 되어가고 있었다.

시간이 없어서 못 한다는 말은 다 거짓말이다. 최소한, 퇴고하는 그달은 초인적 힘을 발휘했다. 자고 일하는 시간 외에 모든 시간은 탈고하는 데 집중했다. 퇴고에 집중하려면 100권 읽고 북리뷰 쓰기 목표를 포기해야 했다. 결국, 마지막 노력에도 불구하고 첫해 100권 읽기는 2권 차이로 아슬아슬하게 지키지 못했다. 일에는 중요한 것을 먼저 해야 하는 원칙이 있다. 퇴고하는 2021년에는 내게 책 100권 독서보다는 책 마무리가 더 큰 목표였다. 우리는 때로 덜 중요한 목표는 포기해야 한다. 2022년도 100권의 목표를 세웠고 이 원고를 만들었지만 잘 마무리했다. 그래도 매년 매일 블로그 글쓰기는 어떻게든 지켜냈다.

글쓰기는 계속 아이디어를 주는 과정이기 때문에 오히려 퇴고 작업에 도움이 되었다. 매일 쓰는 글은 어느새 다음 책에 영감을 주기 때문이다. 책에 추가할 내용이 떠오르면 원고에 추가하며 포스팅으로 쓰기도 한다.

책 출간이 늦어지는 이유는 대부분 퇴고가 늦어지기 때문이라고 들었다. 심지어 작가가 연락을 끊는 일도 있다고 하니 출판사와 협업하는 것이 쉬운 일은 아니다. 최소한 출판사에 피해를 주지 않고 싶었다, 그런 사람은 되지 말자는 것이 내 원칙이다. 그해 안에 출간까지 마무리하고 싶었다. 새해 결단할 때 자기 계발서가 잘 팔린다. 이왕이면 새해에 맞추어 출간되는 것이 유리했다. 9월에 퇴고한 원고를 출판물의 형태로 바꾸어 보내주셨다. 수정하고, 의견을 추가하고, 빨간 줄 그어 다시 보냈다. 그렇게 1교, 2교, 3교까지 이어지며 글은 수정되었다. 3교까지 가는 사이에 1월이 지났다. 또다시 디자인 시안을 보내왔다. 몇 가지 시안을 가지고 블로그 이웃에게 의견을 물었다. 다양한 의견을 모아 시안을 선택했다. 이왕이면 눈에 잘 띄는 색으로 가자고 해서 탄생한 것이 초록색과 핑크 조합으로 만들어진 《가서 만나고 이야기하라》이다.

결국, 설 연휴 때문에 다시 일주일 늦어지고 2월이 되어서 서점에 책이 나왔다. 퇴고는 산고의 고통이란 말이 실감 났다.

그런데 그 고통을 두 번째 이 책으로 다시 시작하는 것을 보면 산고의 고통이 정말 맞는 표현이다. 아내도 다시는 애 안 낳을 거라며 셋이나 낳았으니 산고의 고통이 아니고 뭐란 말인가? 책을 생각하면 아기 대하듯 금방 고통을 잊어버린다. 퇴고는 해도 해도 끝이 없는 작업이다. 다시 보면 또 부족한 것이 눈에 보인다. 볼 때마다 추가하고 싶은 내용이 반드시 있다. 헤밍웨이는 "초고는 쓰레기다."라고 하지 않았는가? 고치면 고칠수록 이런 초고로 투고했다는 것이 놀라웠다. 적당한 선에서 마감을 지키기로 했다. 수정하고 또 수정해도 오타가 나왔고 문맥이 매끄럽지 않았다. 책이 나오고 나서는 제대로 펼쳐 보지도 않았다. 그냥 대강 흐름만 검토했다. 책이 나오고 3개월 지나 북토크를 준비할 때 비로소 줄 치며 제대로 읽었다. 마음에 들지 않는 구절을 찾으며 또 놀랐다. 역시 완벽한 퇴고는 없었다.

책을 팔리도록 만들기

집 근처 서점에 아이를 데리고 나가는 날, 내 가슴도 같이 뛰고 있었다. 출판사에서 10권을 보내주었지만, 서점에서 발견되는 책의 느낌은 어떠할지 무척이나 궁금했다. 이것이 정말 아빠 책이냐고 호기심 어린 눈빛으로 바라보는 아이를 보며, 여름부터 달려온 수고를 스스로 칭찬했다. 집에서 가장 가까운 서점에 전화를 걸어 《가서 만나고 이야기하라》를 구매 가능한지 문의했다. 초보 작가의 책을 무시하는 담당자의 말에 살짝 당황했다. 책은 내는 것도 중요하지만 팔리게 만드는 것도 중요하다. 출판사에서 해주는 것은 분명 한계가 존재한다. 초보 작가는 기초 평판이 없으므로 마케팅이 쉽지 않다. 책은 저자의 분신이나 다름없다. 결국, 저자의 브랜딩이 책의 수준을 결정한다. 물론 저자는 좋은 글을 써야 하지만, 현실은 마케팅까지 신경 쓰지 않으면 안 된다.

그동안 친하게 지냈던 블로그 이웃들을 통해 서평이 늘어나기 시작했다. 특별히 부탁하지 않았는데도 자진해서 서평을 올려주셨다. 아마도 가장 강력한 마케팅은 서평이 아닐까 싶다. 우리나라는 네이버가 가진 영향력이 대단히 큰 편이다. 네이버 검색에서 검색되는 것은 매우 중요하다. 출판사, 네이버 도서 인플루언서, 꿈의 도서관, 블로그 이웃을 통해 이루어지는 브랜딩 덕분에 생각보다 많은 서평이 확보되면서 조금씩 입소문이 퍼져나갔다. 교보문고 자기 계발 분야 3위까지 올라가는 성과를 거두었다. 한동안 7위에 머물렀다. 시간이 날 때마다 교보문고를 찾아가 내 책을 봤다. 아이들을 데리고 가서 사진도 찍고 이웃들이 내신 책들도 찾아보고 눈에 잘 보이는 곳에 두고 나왔다.

얼굴 본 적 없지만, 댓글을 주고받던 블로그 이웃, 피웃남 님께서 기사를 써주겠다며 질문지를 보내주셨다. 전혀 생각지도 못했는데, 전문 잡지 기자라고 해서 깜짝 놀랐다. 블로그 이웃 중에 드러나지 않은 다양한 직업과 능력자가 있다는 것이 놀랍다. 전혀 자신을 드러내지 않지만, 중요한 순간에 도움을 주곤 한다. 그렇게 출판사에서 내주신 기사와 블로그 이웃께서 내주신 기사가 네이버에서 검색되었다. 사무실 주소도 알려주시며 근처에 오면 얼굴도 한번 보자고 인사도 나누었다. 그리고 우리는 이웃의 오프라인 북토크에서 실제로 만났다. 같이 맥주도 한 잔하며 기사 써주신 것에 관해 감사 인사를 드렸다. 얼마 전에도 서울 회사 앞으로 찾아가 즐거운 대화의 시간을 가졌다. 약한 관계라 생각했던 블로그 이웃들이 자기 능력 안에서 서로 도움을 주고받는 문화가 있어서 블로그는 생각보다 강력한 인간관계 도구가 된다.

네이버에서 인물 검색은 저절로 올라가는 줄 알았다. 네이버에 직접 작가 신청을 해야 한다는 것을 알고 바로 신청했다. 이제는 '배정환' 이름을 검색하면 별거 아닌 프로필이지만 검색되는 것을 볼 수 있다. 검색되는 사람과 그렇지 못한 사람은 차이가 크다. 나를 검색하면 인물 검색, 도서 인플루언서, 오디오 클립, 유튜브, 인스타그램, 책 서평, 기사 등이 동시에 뜬다. 검색되는 나를 만드는 것이 브랜딩의 시작이다. 그게 바로 디지털 명함을 만드는 작업이다. 검색되려면 사람들이 원하는 수준의 것을 보여주어야 한다. 지금도 무엇을 집중적으로 브랜딩할지 항상 고민한다.

꿈의 도서관 주최로 온라인 북토크를 진행했다. 무료로 누구나 관심이 있으면 들어올 수 있도록 했다. 예상하지 못한 지인과 블로그 이웃 50명이 참석했다. 책을 내기 전 블로그에서 활동하기를 참 잘했다고 생각했다. 자기 계발은 누구에게나 필요하지만 쉬운 분야는 아니다. 요즘은 에세이형 자기 계발서가 대세이다. 이미 평판이 많이 나 있던 사람이 책을 낸다면 그 효과가 크지만, 배경이 없는 저자는 살아남기가 쉽지 않다. 자기 계발 분야의 저자는 사업이든, 성공이든, 실제적인 결과물을 가지고 있어야 한다. 특히 강의와 연계되지 않으면 더욱 어려운 것이 현실이다. 그래서 강의력을 끌어올려야 살아남을 수 있다. 지금도 강의에 대해서 항상 고민하고 공부하는 중이다.

지인에게서 연락이 왔다. 자신이 다니던 교회 유튜브 주일 예배에 내 책이 소개되었다는 것이다. 자신도 몸에 전율이 일어났다며 링크 주소를 보내왔다. 분당의 큰 교회 목사님께서 내 책을 언급해 주셨다. 전국에서 많은 분이 영상을 시청하셨는지 책을 알아봐 주셨다. 그다음 주에도 목사님께서 많은 시간 동안 책 내용을 언급해주셨다. 개인적으로 친분이 없는 목사님이었는데 이런 일도 생기는구나 싶었다. 출판사 편집자님도 목사님 팬이라며 축하한다고 연락해 주셨다. 이 책을 통해 분당우리교회 담임 목사님께 감사 인사를 드리고 싶다.

블로그 이웃이 댓글을 달아주셨다. 자신이 다니는 회사에 추천 도서로 《가서 만나고 이야기하라》가 소개되었다고 했다. 출판사에 물어봐도 모르는 일이라 했다. 지인께서는 사내 뉴스에 나온 책 사진까지 찍어 보내주셨다. 꽤 큰 대기업이었는데, 회사 전체에 방영되는 방송에 내 책이 소개되고 있었다. 어떻게 이런 일이 벌어졌는지 모르지만 소개된 것도 좋았고, 그걸 알려주는 블로그 이웃은 더 좋았다. 댓글만 주고받던 이웃과 통화하며 친해졌고, 결국 그분과 인간관계 상담도 나누고, 만나서 식사도 나누는 사이가 되었다. 얼마 전에 그분이 사시는 근처에 갔다가 시간이 모자라 못 뵙고 간다며 문자를 보냈더니 시원하게 커피라도 한잔하고 가라며 커피 쿠폰을 보내주셨다. 책과 블로그를 통해 좋은 사람을 만나고 인연이 되는 현실이 믿어지지 않는다.

꿈의 도서관에서 도움을 주고받던 리더분께서 자신의 모임에 초대해주신 적도 있다. 30여 명 정도 모임을 하는데 내 책으로 토론을 진행하셨다고 했다. 그 모임에 최초로 작가를 초대하고자 한다며, 감사하게도 나를 지목해주셨다. 대접해주시는 한정식도 감사했고, 사인을 받겠다며 줄 서시는 모습도 좋았다. 한 분이 사인을 받고 옆에 서며 말씀하셨다.

"작가님 거짓말이 아니라, 저는 이 책을 두 번이나 읽었습니다. 제 삶에 많은 도움을 받았습니다."

이 말이 가슴에 콕 박혀 들었다. 이런 메시지를 받으려고 지난여름부터 지금까지 달려온 듯했다. 자기 계발서 작가로 이보다 더한 찬사는 없을 것이다.

꿈의 도서관에서 맺은 인연을 통해 북토크를 꾸준히 하고 있다. 이제는 너무 자주 봐서 절친 같은 사이가 된 블로그 이웃도 있다. 그분이 운영하는 북카페에서 북토크 겸 강의를 했다. 비 오는 날임에도 불구하고 블로그와 상관없는 내 지인들까지 참여해주셔서 뜻깊은 시간을 보냈다. 뜻밖의 블로그 이웃께서 나의 북토크를 듣고 싶다고 그 먼 길을 찾아오셨다. 얼마나 감사한지 그분의 책이 출간되었을 때 바로 구매해서 서평까지 써드렸다. 그분들의 활동들이 이어져 서로에게 시너지를 냈으면 좋겠다.

블로그 덕분에 많은 분께 책이 홍보되고 알려졌다. 아직도 북토크 요청이 간간이 들어온다. 내가 나서서 하겠다고 하지 않아도 이웃들의 소리 없는 소문이 나와 책을 멀리 데려다준다. 블로그를 시작하고 2년 동안 많은 일이 있었지만, 새로운 인연을 많이 만든 것이 가장 좋았다. 사업이든 인간사든 사람이 중심이다. 좋은 사람만 있으면 무엇이든 할 수 있다는 것이 내 지론이다. 좋은 사람만 주변에 많다면 브랜딩은 자연스럽게 이루어지는 일이다. 특히 나이를 먹으면 먹을수록 우리에게는 기존의 인맥에서 벗어난 새로운 관계가 필요하다. 그래야 시대 변화에 맞는 새로운 일을 찾을 수 있고, 거기서 인생의 재미를 다시 찾아낸다.

출간 경험 나누어주기

역시 경험만 한 교육은 없는 모양이다. 이제는 글쓰기부터 출판까지 과정을 책으로도 쓸 수 있을 것 같다. 전자책 출간 경험이 있는 한 블로그 이웃과 통화한 적이 있다. 내게 책을 낸 과정에 관해서 몇 가지 질문을 하셨다. 그에 관한 답변을 하다 보니 한 시간가량 통화가 길어졌다. 지금 이 책 내용과 비슷한 이야기를 나누었는데, 무척이나 재미있다고 하셨다.

"북토크 때 이런 이야기 많이 해주실 거죠?"

"사실 생각해 보지는 않았지만 이런 과정이 궁금하다면 얼마든지 해줄 수 있어요."

내가 겪은 고난의 과정이 누군가에게 길이 되는 순간이다. 이런 스토리를 나누려고 그동안 그 고생을 했는가 보다. 경험은 곧 재산이라고 했던가? 실수와 오류투성이의 투고 과정이지만,

누군가에게는 세심하게 이야기해 줄 수 있는 재산이 된 셈이다. 처음부터 끝까지 혼자 해결해 나가는 것은 매우 어렵고 막막한 작업이었지만, 일단 결과를 내고 보니 이 모두가 하나의 에피소드가 될 수 있다는 것 또한 의미 있는 일이다. 돈을 주고 쉽게 했더라면 이야깃거리가 될 수 없었을 과정이다. 누구에게라도 궁금한 것을 알려줄 수 있게 된 나 자신이 대견하다. 글을 제대로 쓸 수 있도록 코치는 못 하겠지만, 책을 낼 수 있는 방법은 어떤 누구에게나 안내해 줄 수 있을 것 같다.

첫 책을 낸 후 왕성하게 글을 쓰고 있던 블로그 이웃과 통화를 길게 한 적이 있다. 그때 아는 작가를 모아 커뮤니티를 만들고, 서로의 정보를 나누어 보자고 했다. 책을 한 권이라도 낸 블로그 이웃을 단체방에 초대하여 정보를 나누었다. 그리고 줌으로 초대해서 돌아가며 자신의 출간 과정, 계약, 퇴고, 마무리 과정을 이야기했다. 각기 다른 이야기들은 무척 다양했고, 흥미로웠다. 그런데 모든 작가가 마지막 홍보에서 좌절하고 있었다. 그 점이 가장 안타까운 부분이었다. 고민의 결과로 꿈의 도서관에서 '꿈의 작가'를 시작하게 되었다.

남들이 궁금해하는 출간 과정을 강의해보고 싶었다. 북토크도 강의 형식으로 만들어보려는 이유였다. 출간은 내가 경험한 것 중에서 가장 어려웠고, 막막했던 작업이다. 비록 독학이라 부족한 점도 있겠지만, 많은 분과 나누고 싶었다. 출간의 꿈으로 보냈던 지난 1년을 떠올려보았다. 인스타그램이나 블로그에 출간계약서를 올리는 이웃이 그렇게 부러웠던 시절이 있었다. 그들과 친해지려고 해도 딱히 공감되는 부분이 없어 망설였던 적이 많았다. 연락할 수도 없는 관계라서 정보를 얻을 수 없었던 그때를 생각하며 경험을 나누는 마음으로 이 책을 쓴다.

내가 걸어온 하나의 과정만으로는 불충분하다고 생각해서 작가 모임을 만들어 함께 출간 경험을 나눈다. 그림책, 상담 책, 소설책, 공모전, 다양한 자신만의 과정을 공유함으로써 다음 책을 준비하는 데 도움을 주고받는다. 내 출간 과정을 책으로 써보고 싶다는 생각은 오래전부터 하고 있었다. 그래서 틈나는 대로 블로그 카테고리에 출간 과정을 써두었다. 나중에 기억만으로 쓰려고 한다면 잘 기억나지 않을 듯해서 메모해 두었다. 그 과정을 이 책에 소개하게 되어 너무나 감사하다.

아직도 블로그에선 책을 내려고 애쓰는 이웃이 많다. 글쓰기, 문장 강화를 위한 필사, 매일 쓰기, 원서 읽기 등 다양한 배움을 이어가고 있다. 그런 배움의 끝은 대부분 출간과 맞닿아 있다. 책을 쓰는 과정은 코칭을 받는다면 별로 어려운 것이 없다. 하지만 정작 중요한 것은 콘셉트 잡기이다. 이번에 에세이반에 참여하며 느낀 것이 바로 이 콘셉트 만들기이다. 참여자들이 같이 고민하고 서로에게 추천을 반복하다 보면 자신만의 이야기를 찾아낼 수 있다. 그건 누가 가르칠 문제도 아니고, 배울 문제도 아니다. 같이 모여 커뮤니티를 만든다면 누구나 자신만의 콘셉트를 만들 수 있다.

많은 사람이 쓰는 자체를 고민하지만, 더 중요한 것은 콘셉트이다. 책은 독자에게 선택되어야 하고, 팔려야 하는 운명을 타고났다. 콘셉트만 제대로 잡힌다면 매일 한 꼭지씩 쓰면 된다. A4 용지 두 장 분량의 40개 꼭지를 쓰면 된다. 맘만 먹으면 두 달 안에 책 한 권쯤은 쓸 수 있다. 그런데 쓰지 못하는 이유는 방향을 잡지 못해서이다. 출간을 많이 했던 팀과 나눈다면 누구나 자신의 책을 낼 수 있다. 특히 시장에서 인정될 만한 콘셉트 말이다. 책과 시장을 바라보는 편집자의 시각, 그런 출간 경험을 나누고 싶다.

PART

6

블로그에서
이어져
사업으로

블로그 친구 늘리기

블로그를 시작하고 열심히 '댓글'과 '좋아요'를 누르며 돌아다녔다. 그에 맞추어 점차 이웃들이 늘어가기 시작했다. 마케팅 사업을 하며 사람의 중요성을 뼈저리게 알고 있었다. 돈보다 사람이 남아야 오래갈 수 있기 때문이다. 이웃들과 친해져야 뭐든 도전해 볼 수 있다. 첫 책《가서 만나고 이야기하라》처럼 내가 먼저 다가서야 사람도 생기고 일도 생긴다. 누가 나에게 먼저 다가와 주겠는가? 처음에는 먼저 다가서는 노력이 필요했다.

어떻게 하면 여기서 나를 브랜딩할 수 있을까? 고민해보니 결국 사람들에게 읽히는 글을 써야 하고, 이왕이면 진정성 있는 내용이면 좋겠다 싶었다. 사람은 누구나 자기 글을 읽고 댓글 달아주는 사람을 좋아한다. 시간 되는대로 열심히 이웃을 찾아가 댓글 달아주고, 댓글에 답글을 달았다. 운전하다가도 신호에 걸리면 댓글을 읽었다. 광고로 들어온 댓글에도 감사 인사 정도는 할 정도였다. 누군가 서로 이웃을 걸면 어김없이 댓글을 달았다. 진심으로 댓글을 달려고 무척이나 노력하며 상업적으로 블로그를 하는 것이 아님을 보여주었다. 커뮤니티에서 소통은 무척이나 중요하다. 블로그 운영자에게 조회 수는 판단의 근거가 된다. 블로그에 관련된 책을 많이 읽지는 않았지만 대체로 제목, 태그, 검색 흐름 등이 매우 중요한 이슈였다. 조회 수는 곧 애드포스트와 직결되기 때문에 당연한 일이다. 하지만 조회 수가 나오지 않아도 댓글이 많은 글이 있고, 댓글이 많지만 조회 수가 별로인 글도 있다. 댓글이 많다는 것은 사람들과 소통한다는 것을 의미한다. 찐 이웃이라는 표현이 어울리겠다.

시간이 지나면서 블로그 이웃이 조금씩 늘어 갔다. 먼저 이웃 신청을 해주시는 분들도 있었지만, 내가 먼저 이웃을 걸기도 했다. 자신의 사업 광고를 위해 이웃을 걸어오는 이들이 많았다. 처음에는 아무에게나 이웃 신청을 하지도, 받지도 않았다. 나와 관심 분야가 맞는 사람에게만 신청을 보냈다. 나중에 이 많은 사람을 어찌 관리할지 걱정이 앞섰다. 블로그 생활을 하다 보니 새로 올라오는 글을 받지 않는 방법을 알았다. 처음에는 친했다가 거리가 멀어지는 이웃도 생겼다. 이웃을 관리한다는 것이 얼마나 부질없는 짓인지 깨달았다. 그저 이웃들과 소통하고 즐기며 정보를 얻고, 주는 정도면 족했다.

찐 이웃이 한 명 두 명 생겨나기 시작했다. 서로 댓글을 달아주며 소통이 되는 이웃들이 생겨났다. 그들과 댓글도 나누고 정보도 공유하며 나름 재미를 찾아갔다. 명언을 올려주시는 이웃, 책 리뷰를 해주시는 이웃, 소설을 쓰는 이웃, 맛집 투어하는 이웃, 자신의 지역을 알리는 이웃, 자기 계발을 하는 이웃 등 다양한 이웃들과 소통하며 블로그를 배워갔다. 블로그 초보자였기 때문에 그냥 일단 시작하고, 이웃들의 블로그 성향을 보면서 모방도 하고 검색도 했다.

우연히 블로그 찐 이웃의 글을 읽었다. '안산에 올랐다'라는 이웃의 글을 읽으며 바로 반가움의 댓글을 달았다.

"와! 안산에 사세요? 반갑습니다. 저도 안산입니다."

내가 사는 지역이 안산이었으니 얼마나 반가운 일인가? 의외로 안산에 사는 이웃을 만나기는 쉽지 않았다. 그분이 달아준 답글을 보고 빵! 터지고 말았다.

"저는 서대문 안산인데요. 안산에 사시나 봅니다?"

그렇게 인연이 된 이웃이 지금의 꿈의 도서관 창립 멤버가 된 피터배 님이다. 참으로 붙임성이 좋은 이웃이라 생각했다. 나이를 주고받자마자 '형님!'이란 호칭을 얼마나 잘 사용하는지, 그분의 인생이 어떻게 흘러왔을지 상상할 수 있었다. 피터배 님은 많은 블로그 이웃들과 이미 소통하고 지냈다. 성격적으로 사람들과 이야기를 잘 나누었고 조금만 친해지면 오빠, 누님, 동생 사이가 되는 것은 일도 아니었다. 나와 맞는 이웃이 있으면 그 블로그에 소환하여 인연을 맺어주었다. 덕분에 블로그 세계에 더 깊숙이 들어가는 계기가 되었다. 한 사람의 커넥터가 얼마나 중요한가? 기존의 인연을 뛰어넘어 또 다른 이웃들이 늘어갔다.

어느 날 피터배 님이 댓글로 나를 소환하길래 찾아서 들어갔다. 초청받은 블로그가 어떤 성격인지 가늠하는 데 꽤 많은 시간을 보냈다. 많은 사람이 뭔가에 홀린 듯 댓글을 주고받는 모습이 무척이나 생소했다. 댓글에 답글이 이어지며 내려갔다. 몇 페이지가 넘어가는 댓글은 읽는 것만으로도 벅찰 정도였다.

'할 말이 그렇게 많으면 단체 채팅을 하지? 왜 댓글로 힘들게 소통할까?'

이런 생각이 들었다. 일명 이것이 댓글 놀음인가? 댓글 다는 것도 꽤 피곤한 일인데 블로그 주인은 그것을 꽤 즐기는 것으로 보였다. 어떤 사람인지 궁금증도 생겨났다.

 – '블로그 마을'은 뭐 하는 곳이지?
 – 왜 사람들은 이런 말도 안 되는 댓글을 달지?
 – 한옥마을은 뭔데, 찾아도 보이지 않을까?

– 가게 임대를 하는데 뭘 받겠다는 거지?

– 메타버스 같기도 하고 판타지 소설 같기도 하고…….

이탈리아 친퀘테레를 모티브로 만들어진 가상의 공간에 사람들이 모여서 상상을 나누고 있었다. 존재하지 않는 마을이라는 것쯤은 알았기에 장난스러운 댓글을 달았다.

"이 마을은 어디에 있나요? 내비게이션 켜고 찾아가 봐야겠는데요."

"하늘혼 님. 착한 사람에게만 보이는 마을입니다. 하늘혼 님은 이미 입주해서 살고 계시니 찾아오실 필요 없습니다. 문 열고 나가시면 됩니다.^^"

하늘혼은 내가 블로그에서 사용하던 닉네임이었다. 다정하게 맞아주면서도 상상력을 놓치지 않는 댓글이었다. 좀 황당하기도 하고 재미있기도 한 이런 댓글들이 이어지는 곳이 바로 블로그 마을이었다.

"입주비는 얼마를 내야 하나요?"

한참 후에 답변이 달렸다.

"눈물 한 방울이요."

이런 황당한 댓글을 받으면 어떻게 답을 해야 할까? 참 재미있는 상상을 하는 분이다. 여기에 글이 올라올 때마다 사람들의 댓글이 끊임없이 이어졌다. 30대의 동화 작가가 이닐끼리는 생각도 들었다. 한 사람의 상상이 다른 사람의 상상과 이어지기는 쉽지 않은 일이다. 많은 이들의 상상을 하나로 묶어주는 이 사람은 누굴까?

"밤호수 님이 그리는 꿈의 마을 멋집니다! 많은 이웃이 모여서 이런 멋진 메타버스를 경험할 수 있음에 감사합니다."

그녀는 상상의 마을을 메타버스라고 명명한 나에게 감사함을 전해왔다. 메타버스 개념도 없는 분이 공동의 메타버스를 만들어가고 있었다. 상상으로 이미지를 그리고 사람을 모아 같이 소통해 나간다고 생각하니 밤호수라는 닉네임의 그녀가 궁금해지기 시작했다. 나중에 모윤숙 시인의 〈밤 호수〉에서 영감을 얻어 밤호수가 되었다는 것을 알았다.

그녀가 블로그에서 무도회를 준비한다고 했다. 무도회를 어떻게 한다는 말인지 호기심이 생겼다. 그녀의 블로그와 조금 친해져 갈 때 갑자기 나에게 비밀 댓글이 왔다. 원하는 캐릭터가 있는지 묻는 말에 그냥 '정체불명'으로 해달라고 했다. 나를 무대회에 초대한다는 말인데, 내가 뭘 해야 하나? 갑자기 블로그 마을을 떠나고 싶었다. 난 어떤 역할도 하고 싶지 않았고, 이런 상상을 주고받는 일도 서툴렀다. '정체불명'이란 아이디어가 좋다며, 정말 그렇게 소개 글과 함께 하나의 역할을 주었다. 역할이라고 해봐야 무도회 참석하는 것이 전부였다. 일명 가면무도회로 설정한 그 무대였다. 다른 사람들은 입고 갈 의상을 정하고 자신의 블로그에 포스팅하여 링크를 걸기 시작했다. 블로그 마을 블로그에는 수많은 사람의 무도회 참여 포스팅 링크가 걸

려있었다. 나는 아무것도 정하지 못하고 그냥 그대로 구경만 할 뿐이었다. 이 콘셉트를 이해하지 못했다가는 비웃음거리가 될 게 뻔했다. 그런데 결국 댓글이 달렸다.

"이 상황을 이해하지 못하는 하늘혼 님이 그려집니다."

그렇다. 여러모로 참여하지도 못하고, 나가지도 못하는 상태가 이어졌다. 자신이 입고 갈 옷을 캡처하고 참여 콘셉트나 느낌, 취지를 밝히는 글들이 쏟아졌다. 그 글을 읽어나가는 것도 만만치 않았다. 글을 읽으려면 그분들 블로그를 방문해야 했다. 모른 척하기도 뭐해서 내 이웃도 아닌 블로그를 방문하고 댓글을 달아주었다. 그렇게 이웃이 더 빠른 속도로 늘어갔다. 밤호수 님은 그 글들을 하나의 포스팅으로 재탄생시켰다. 나도 초대받았으니 뭔가 하긴 해야겠는데 딱히 어떻게 해야 할지 정하지 못했다.

블로그 마을에 이방인처럼 떠돌며, 그렇다고 벗어나지도 못하고 융화되어 갔다. 그리고 블로그 마을 시즌 1의 마지막 무대에서 또다시 임무가 주어졌다. 뭘 하라는 말인지 몰라서 다른 이웃들에게 도움을 요청하는 웃지 못할 상황도 벌어졌다. 내가 이과라서 잘 이해를 못 한다는 설정으로 어설프게 마무리가 되었다. 두 번의 참여 제안에 아무것도 하지 못한 채, 참 신기한 경험을 했다. 사람들은 함께 모여서 무엇이든 나누려는 꿈이 있다는 것, 그 꿈을 가상으로 그려내는 능력이 있다는 것, 어찌 보면 이해되지 않는 이런 이야기에 반응한다는 것, 자신만의 이야기를 구상하고 연결하는 능력 등 다양한 모습을 보았다. 무도회는 그냥 그렇게 끝나버렸다. 밤호수 님은 블로그 마을을 통해 누구도 하지 못하는 강력한 브랜딩을 만들어 내고 있었다.

시즌 1의 대미를 장식하고 난 후 갑자기 블로그 마을 준비위원회라는 이름으로 줌 미팅이 열렸다. 처음에는 줌에 익숙하지 않은 분들을 위해 내가 줌을 열어 초대하는 것으로 시작했다. 나는 능동적으로 참여하지 않았음에도 줌으로 소환되어 차기 블로그 마을 운영에 관한 견해를 나누었다. 내가 왜 그 줌에서 얼굴 보며 이야기를 나누었는지 지금 생각해도 잘 모르겠다. 그렇게 밤호수라는 작가님을 처음으로 마주하며 온라인으로 만났다. 미국에 사시는 분이란 점에 다시 한번 놀랐다. 한국과 한옥을 그리워하는 그녀의 마음이 조금은 이해가 되었다.

밤호수 님과는 이렇게 만나고 인연이 맺어지며 책을 쓰는 데 많은 도움을 받았다. '한옥 일기'라는 가제로 책을 낸다는 것을 알았기에 용기를 내서 도움을 요청했다. 시차를 맞추어 줌으로 그녀를 초대해서 일대일로 상담을 했다. 투고라는 경험 없이 출판이 가능하다면 그녀의 글이 얼마나 대단한지 궁금했다. 그녀가 올린 '한옥 일기'를 제대로 읽어보지 않았던 터라 더욱 궁금했다. 피터배 님 말로는 읽어보면 확 빨려 들어간다고 했다. 나에게는 밤호수 님이 이력만으로도 대단한 사람처럼 보였다. 그런 이웃이 나를 위해 먼 타지에서 기꺼이 시간을 내준 것이다. 밤호수 님은 자기 계발서를 한 번도 읽어보지 않았다고 했다. 그런데도 내 글이 잘 읽힌다며, 책이 나오면 처음으로 자기 계발서를 읽겠다며 응원해주었다. 의욕만 앞서던 내게 실질적인 투고의 과정이 열렸다.

그녀의 책 《안녕, 나의 한옥집》이 예약 판매에 들어간다는 말을 듣고 바로 알라딘에 들어갔다. 고속도로를 달리다 이 정보를 들었기에 휴게소에 들려 바로 주문했다. 주문 사실을 알리자마자 댓글이 왔다. 출판사에서 첫 주문이 들어왔다는 연락을 받았다며, 그 주문이 내 주문이라고 했다. 첫 주문을 넣었다는 것이 은혜에 대한 보답으로 느껴졌다. 사은품이 정해지지 않았으니 주문을 연기하라고 했다. 괜찮다고, 그냥 받겠다고 했다. 내 책 《가서 만나고 이야기하라》가 출간된 후 미국으로 사인한 책을 보냈다. 책 가격보다 택배비가 더 들었지만 밤호수 님에게는 그렇게라도 하고 싶었다.

블로그 마을은 겨울에도 시즌 2를 성공적으로 개최했다. 빨간 미리 앤이 살던 그린게이블즈를 무대로 많은 이웃의 싱싱이 다시 연결되었다. 이제는 제법 블로그 마을 콘셉트를 이해하고 있으니 별로 어렵지 않았다. 나도 한 역할을 제대로 맡았다. 오랜만에 기타를 들고 아이들과 노래부르며 영상을 찍어 올렸다. 상상의 마을은 올해도 크리스마스에 시즌 3으로 돌아왔다. 수많은 꿈과 상상이 모이는 곳은 북토크와 꿈의 도서관 사업으로 현실 만남으로 이어지는 중이다. 이제는 지방 도시 어디를 가도 블로그 이웃을 만날 수 있다. 시간만 허락하면 연락해서 커피 한잔 정도 할 친구가 늘었다. 온라인 모임을 떠나서 오프라인 모임과 만남으로 이어졌다. 그 중심에 블로그 마을이 있었던 것은 대단한 축복이다.

블로그 마을과 꿈의 도서관은 서로 상생을 통해 협력하는 사이가 되었다. 블로그 마을을 통해 많은 이웃이 생겼고, 꿈의 도서관을 통해 현실의 친구들이 되었다. 북토크와 수많은 만남을 통해 연락하고 지내는 사이가 되었다. 독서 토론, 글쓰기, 강의에 관심 있는 이웃들이 꿈의 도서관에서 성장하고 있다. 앞으로 더 큰 네트워크로 확장하려고 준비 중이다. 밤호수 님이 한국에 들어와 한 달간 북토크를 하며 전국 일주를 한다고 해서 공주에도 다녀왔다. 꿈의 도서관 주최로 북촌 한옥마을에서 북토크도 개최했다. 블로그 마을이라는 상상의 마을을 통해 맺어진 인연이 미국에서도 이어졌고, 이제는 한국에서도 인연을 이어가고 있다. 그녀의 첫 책을 낸 출판사 사장님과 나의 고등학교 친구가 아는 사이라는 사실도 알았다. 세상은 넓고 넓은 것 같으면서도 인연에 인연으로 좁게 이어져 있다.

덕분에 서울, 대구, 용인, 전주, 공주, 양양, 부산, 김해, 진주, 안동, 울산 등 수많은 도시에 친구들이 생겼다. 지방 출장이 많은 내게는 아주 좋은 만남의 기회이다. 전국을 다니며 친구들을 만나고 인연을 맺는 일은 참으로 즐겁다. 책과 블로그 마을, 꿈의 도서관 사업과 연결되어 독특한 커뮤니티를 형성하고 있다. 꿈꾸는 작가들이 탄생하고 자신의 꿈을 이루는 토대가 되어간다. 타인을 도와주며 성공과 보람을 느끼는 일은 세상에서 가장 멋진 사업이다.

밤호수 님이 최근 두 번째 책을 냈다. 어머니의 잊힌 시를 딸이 다시 꺼내 어머니와의 추억과 이어 멋진 에세이집이 되었다. 미국에 있는 밤호수 님과는 온라인 북토크밖에 할 수 없지만, 어머님과 함께하는 북토크를 꿈꿔본다.

02

온라인에서 오프라인으로

블로그는 일종의 온라인 기반 인맥 시스템이다. 글을 통해 사람들과 소통하고 관계를 맺는 약한 관계 기반 시스템이다. 인생에서는 보통 강한 관계의 가족, 친구들의 중요성을 강조한다. 진정한 친구 3명만 있어도 인생을 잘 살아갈 수 있다고 한다. 그렇다면 약한 고리의 블로그 이웃이 가지는 의미는 무엇인가? 최근 들어 많은 학자가 약한 관계의 중요성을 언급하고 있다. 약한 관계는 익숙하지 않은 사람들이다. 그들은 내가 가지지 못한 정보와 능력을 소유할 가능성이 높다. 내가 가진 사고와 감성, 이성이 확장될 수 있는 좋은 기회이다. 그들은 기꺼이 내가 새로 시작하는 일을 대가 없이 돕는다. 기존의 인맥에서는 얻기 어려운 새로운 데이터베이스이다. 약한 관계는 그것을 가능하게 만들어준다.

블로그에서 만난 많은 사람을 통해 새로운 세계를 접하며 새로운 작가의 세계와 사업의 세계로 발을 들여놓았다. 《가서 만나고 이야기하라》에서 가라는 말은 다른 세계로 들어가라는 말과도 같다. 간다는 것은 공간을 이동하는 일이다. 일단 다른 공간에는 낯선 사람과 환경이 기다린다. 용기가 필요한 일이기도 하다. 변화하려면 용기를 가져야 하는 것은 어쩌면 당연한 말이다. 지금도 나는 새로운 사람을 만나기 위해 기꺼이 움직이고 있다.

줌에서 친해진 이웃들을 만나러 여기저기 간다. 지방이라도 이웃이 사는 근처를 지나면 문자를 보내고 약속을 잡는다. 반대로 나에게 연락을 먼저 취해주는 이웃도 있다. 그렇다면 나보다 더 용기 있는 사람이라는 뜻이다. 내가 그들에게 줄 만한 것을 갖추기 위해 노력하고 있다. 원하는 것이 있다면 연락을 취하고 만나보는 것이다. 만나야 어떤 사람인지 알 수 있다. 블로그는 살짝 포장된 온라인 이미지를 만나는 것이다. 관계는 일정 시간이 지나 봐야 판단할 수 있다. 그래서 나는 직접 만나보려고 애를 쓴다.

고등학교에 직업 탐방을 나간 일이 있다. 그때 한 여학생이 명함을 받을 수 있냐고 문의해왔다. 그리고 몇 달 후 인터뷰 요청을 해왔다. 인맥이 넓어지다 보니, 여학생과도 인터뷰하는 일도 생긴다. 얼마나 용기 있는 행동인지 감탄만 나올 뿐이다. 시내 카페에서 여학생과 그 친구를 만났다. 내가 제시한 답을 모아 자신의 블로그에 정리하고 싶다고 했다. 나는 그 여학생의 활동이 공부 잘하는 것보다 더 가치 있다고 믿는다. 학생의 블로그에는 나 말고도 많은 멘토의 인터뷰가 정리되어 있었다. 그 학생은 《가서 만나고 이야기하라》 정신을 이미 18세에 실천하고 있지 않은가? 뭐라도 해주고 싶은 마음이 생길 수밖에 없다. 열심히 하는 사람에게는 무엇을 주어도 아깝지 않다. 내가 많은 것을 준 것 같지만, 얻은 것도 많다. 열정적인 사람을 만나면 내 에너지도 올라간다. 책에 사인해서 선물로 주었다. 졸업하고 성인이 되면 어떤 인연으로 만나게 될지 기대가 된다. 어쩌면 그 학생에게 내가 도움받을지도 모른다.

작가가 되고 나서 현실에서 사람 만나기가 더 쉬워졌다. 작가라는 브랜드는 누구나 한 번쯤 만나서 이야기를 들어보고 싶은 사람이 된다는 뜻이기도 하다. 실제로 문제를 상담해오는 이웃도 생긴다. 출판, 인간관계, 꿈의 도서관 문의, 책 쓰는 방법, 슬럼프 극복 등 다양한 문제를 물어온다. 북토크를 열어보고 싶다는 북카페와 콜라보 모임을 진행하기도 한다. 내가 도와주는 것인지, 그분들이 나를 도와주는 것인지 모르지만, 사람을 만나고 모임에 참석하고 이야기하는 것은 열정과 에너지를 선사한다. 새로운 사람들을 만나고 경험을 나누어 주는 것 같지만, 그들을 통해 오히려 내가 많은 것을 배운다.

집으로 초대되어 가기도 하고 식사를 대접받기도 한다. 상경한 이웃이 꼭 만나고 가겠다며 연락을 해오기도 한다. 수줍은 만남을 통해 신기한 경험을 한다. 서로에게 선물을 주기도 한다. 인생에 딱 하나 있을 선물을 주고받는다. 블로그에는 손기술이 좋은 이웃이 참 많다. 정성이 가득한 인생 아이템을 받으면 블로그 하기를, 책 쓰기를 잘했다는 생각이 든다. 블로그에서 그치지 않고 실제로 가서 만났기 때문에 벌어진 일들이다. 여행을 갔다가 그 지역에 사는 이웃을 만난 적도 있다. 아이들만 호텔에 남겨두고 만남을 가졌다. 여행인지, 일인지 모를 일들이 연속적으로 이루어진다. 첨 만나는 사이임에도 꿈의 도서관과 책을 통해 자연스럽게 관계가 형성되었다. 만나려고 마음만 먹으면 얼마든지 만날 수 있다.

멀어서 못 보는 분들은 줌으로 만난다. 코로나로 인해 일상이 된 줌 화상 미팅은 현실 만남을 보완하는 데 더없는 도구이다. 미국에 있는 이웃과도 옆에 있는 듯 만난다. 너무 자주 만나서 그런지 한국에 들어왔을 때, 처음 만나도 전혀 어색함이 없다. 화상으로 만난 이웃을 현실에서 만나고 또다시 줌으로 만남을 이어간다. 줌으로 북토크를 하고 현실에서 북토크를 이어간다.

꿈의 도서관에 관해 궁금하다는 분들이 점차 늘어나고 있다. 그만큼 온라인, 오프라인에서 인맥이 넓어진다. 회사와 책은 나를 알리는 중요한 도구가 되었다. 마케터라는 직업에 꿈의 도서관 대표와 작가라는 타이틀이 명확하게 추가되었다. 블로그 하면서 출판사 대표님과도 인연이 맺어지고 강사를 섭외하다가 심리학 박사님과도 만났다. 출판 마케팅하는 친구도 찾게 되었고, 30년 만에 고등학교 친구도 만났다. 소설이란 주제로 만남이 이어지고, 책 쓰기를 같이 하는 친구도 생긴다. 문우라는 이름으로 많은 이들과 자유롭게 소통이 이어진다. 프로그램 기수가 늘어가며 반장도 생기고, 모임도 이루어진다. 내가 알지 못하는 모임이 꿈의 도서관 이름으로 곳곳으로 퍼져나간다.

03

꿈의 도서관 설립

블로그에 포스팅이 하나 올라왔다. 같은 안산에 사는 줄 알았던 오해로 시작된 인연, 피터배 님의 댓글이었다. 꿈의 도서관을 만들고 싶다는 포부와 비전을 담은 내용이었다. 중간까지 읽다가 '대표이사 : 하늘혼'이라는 글을 발견했다. 나도 모르는 대표 임명에 장난하는 줄 알았다. 블로그 마을과 비슷한 콘셉트의 온라인 메타버스를 구상한다고 생각했다. 그 당시 또 다른 이웃이 '꿈의 학교'라는 블로그 학교를 만들어 여러 이웃과 어울려 재능기부를 하고 있었기 때문에 다르지 않아 보였다. 사외 이사라고 임명된 분들도 대부분 내가 아는 이웃들로 채워졌고, 도서관 운영자도 모두 아는 사람이었다. 웃음만 날 뿐이었다. 그런데 꿈의 도서관 설립에 관해 내게 하고 싶은 말이 있다고 했다.

어느 정도 짐작은 갔지만, 구체적으로 이야기를 듣고 싶었다. 피터배 님의 3개월 해외 출장 때문에 나중에 자세한 미팅을 하기로 했다. 이해도 되지 않았고, 궁금증만 커졌다. 3개월 후에 귀국한 그는 아무 말이 없었다. 조만간 만나자고 약속은 했지만, 뚜렷한 계획이 없으니 나도 먼저 나설 필요가 없었다. 마침 휴일에 여유가 생겨 내가 먼저 전화를 걸었다. 얼굴도 볼 겸, 꿈의 도서관 이야기도 나눌 겸 커피나 한잔하자고 했다. 얼굴 한번 본 적 없는 사이에 무슨 사업이고, 갑자기 대표이사라는 건또 뭔가? 수많은 블로그 이웃이 나처럼 무슨 말인지 궁금했을것이다. 하지만 누구도 먼저 나서는 이웃은 없었다.

블로그에서 친분을 쌓고 댓글을 나눈 지 6개월 정도 지나 우리는 처음 만났다. 그와 나는 연배도 비슷하고 어느 정도 안정된 수입원도 있는 상황이었다. 그렇다면 인생의 후반전은 타인과 나누는 삶을 살아보는 것이 어떻겠냐는 비전에 공감했다. 인생 전반전을 치열하게 살았다면 후반전은 보람 있는 삶을 살아보자고 했다. 사람들에게 가장 선한 영향력을 행사하는 것은 독서와 도서관이 아닌가 싶었다. 마침 책으로 맺어진 인연들이 많으니 가능성이 없어 보이지는 않았다. 무엇이 우리에게 필요한지 대화가 오고 갔다. 두 중년의 남자는 사람들과 선한 영향력을 주고받는 회사를 만드는 데 동의했다. 하지만 어디서 어떻게 시작해야 할지 막막하기만 했다. 우리 두 사람만으로는 회사를 이끌어갈 능력이 부족했다. 함께 비전을 공유하고 만들어갈 사람이 필요했다. 대강 두 명을 생각해 두었다면서 연락해 보기로 했다. 첫 만남은 그 정도의 비전만 세우고 헤어졌다.

저녁에 산책하고 있을 때 피터배 님에게서 연락이 왔다. 도서관 경험이 있는 분과 이야기를 나누었고 비전을 공유했다며 만나보자고 했다. 그렇게 두 명이 더해져 4명이 다시 만났다. 서울역에서 만나 식사를 하며 처음 얼굴을 보았다. 이웃으로 지내고 있던 이웃이지만 실제로 얼굴을 보게 될 줄 몰랐다. 지금 생각하면, 무모하지만 의미 있는 시작이 아닌가 싶다. 사업 아이템도 불분명하지만 책을 사랑하는 사람이 모여 독서란 주제로 무엇을 할 수 있을까를 고민하기 시작했다.

실제 건물을 소유한 꿈의 도서관은 한참이나 걸리는, 어쩌면 10년이 걸리는 사업일지도 몰랐다. 우리가 시작하려면 바로 할 수 있는 일이 필요했다. 온라인으로 천천히 기반을 다져보기로 했다. 어떤 사업 아이템이 좋을지 고민하던 끝에 내놓은 프로그램이 독서 토론이다. 하지만 우리는 경험이 너무 부족했다. 그때 마침 독서 토론을 전문적으로 공부하던 이웃이 떠올랐다. 얼마 전부터 개인적으로 소통하고 있던 이웃이었는데 독서 토론 전문가 과정을 밟고 있다고 했다. 독서 토론에 관해 아는 것이 없으니 조언을 부탁드렸다. 독서 토론이 사업적으로 가능한지 그것이 가장 궁금했다. 비슷한 사업 구상을 하고 계셨는지 조언을 넘어 생각지도 못한 동참 의사까지 확인했다. 실전 경험이 있는 전문가가 직접 동참해준다면 더 바랄 것이 없었다. 그렇게 독서 토론에 관한 사업 계획을 세우고 전문 블로그를 만들어 꿈의 도서관을 설립했다.

법인을 만들고 시작하는 것은 별로 어렵지 않았다. 하지만 적당한 인재를 찾고 홍보하는 마케팅 과정이 쉽지 않았다. 블로그 이웃의 관심이 집중되고 긍정적 호응과 참여 덕분에 조금씩 성장하기 시작했다. 블로그 이웃이 원하는 프로그램이 무엇인지 고민했고, 그들을 위한 맞춤형 프로그램을 설계해 나갔다. 필사하는 분, 강의를 좋아하는 분, 글쓰기를 원하는 분들을 모아서 다양한 프로그램을 선보였다. 그래도 팀원의 블로그를 합치면 수천 명이 들어올 만큼 브랜딩이 되어 있어 사람들에게 열심히 알리는 데 도움이 되었다.

프로그램이 시작되면서 과정을 이수한 분들이 늘어갔다. 꿈의 도서관 출신들이 하나의 커뮤니티를 만들었다. 지역적으로 가까운 블로거들이 모여 소통하고 현실 만남으로 이어지는 모임이 전국에 생겨났다. 글쓰기반을 나온 분들이 모여 전자책과 종이책을 내며 서로 이끌어주는 문화가 만들어졌다. 작가가 된 이들을 서로 초대해서 북토크를 열어주고 강의를 듣기도 한다.

그 틈에서 나도 작가가 되었고, 피터배 님도 3년 동안 구상한 소설이 완성되어 《사우디 집사》가 세상에 나왔다. 현재 꿈의 도서관을 통해 자기 계발, 시, 소설, 에세이 분야의 작가들이 배출되며 서로 돕고 이끌어주는 시스템으로 발전 중이다.

우연히 지방 북토크를 갔다가 처음 뵙는 블로그 이웃을 만났다. 나를 보자마자 질문했다.

"저는 꿈의 도서관에 관심이 참 많습니다. 관계자를 만나면 어떻게 참여해야 하는지 묻고 싶었습니다."

이런 말씀을 해주시는데 얼마나 책임감과 보람이 느껴졌는지 모른다. 꿈의 도서관은 많은 사람의 꿈과 희망을 나누는 공간이 되어가는 중이다.

04

꿈의 도서관 알리기

사업 아이템이 명확하게 정해지지 않았지만, 꿈의 도서관을 적극적으로 알려야 한다고 생각했다. 그야말로 브랜딩을 입히는 작업의 시작이다. 아무도 알지 못하는 회사를 제대로 알려야 했다. 참여자와 팬을 만들어 내야 하는 것은 브랜딩의 필수 요소이다.

꿈의 도서관을 처음 시작하고 제일 먼저 한 일은 시 낭송 대회였다. 서정적인 시를 하나 정해서 동영상 낭송을 받겠다고 공지했다. 생각보다 많은 이웃이 영상을 보내왔다. 우리가 심사할 수 없어, 동영상을 공유하고 댓글 추천을 받았다. 다양한 목소리로 녹음된 영상을 들으며 시가 사업적으로도 충분히 가능하다는 것을 알 수 있었다. 기꺼이 낭송하고 편집하고 평가받고 싫어 하는 모습은 사업 가능성을 보여주었다. 낭송에 참여해주신 분들과도 인연을 맺었다. 아무리 블로그를 오래 하고 댓글을 달아도 새롭게 참여하는 분들을 모두 알 수는 없었다. 프로그램을 계기로 적극적인 참여자들이 조금씩 드러났다. 지금도 새벽 시 낭송 클래스로 만들어져 꾸준히 이어지고 있다.

다음으로 진행한 이벤트는 '한여름 밤의 꿈'이라는 글쓰기 이벤트였다. 시, 편지, 에세이, 소설 등 다양한 글쓰기 참여를 받았다. 대신 심사하기 편하도록 1,000자 내로 제한했다. 참여율이 저조할까 봐 걱정했는데, 의외로 엄청난 예비 작가들이 글을 보내왔다. 입소문이 퍼지면서 친한 이웃을 넘어 낯선 아이디로 글이 쏟아져 들어왔다. 우리가 모두 심사할 수 없어 이웃들의 댓글 참여와 추천으로 대신했다. 그때 나도 소설을 하나 써보기로 했다. 소설 쓰기 하는 분들이 1,000자 내의 소설이 가능하다고 했다. 초단편 소설을 구상하고 수정하는 시간은 나름 새로운 느낌이었다. 내가 소설을 쓴다는 사실도 웃기지만, 그걸 출품하려고 한다는 사실은 더 믿기지 않았다. 함께하는 이벤트라서 가능했다. 친한 이웃에게 쏠림이 있을 듯해서 과감하게 이름은 비공개로 진행했다. 놀라운 편지와 시 때문에 작가가 누구인지 찾아보는 해프닝도 있었다. 편지글이 최우수상을 받았는데 친하게 지내는 이웃은 아니었다. 지금은 그 이웃과 연락처도 주고받은 사이가 되었다. 이벤트를 계기로 사람을 알게 되고 우정을 나누는 일이 다반사였다. 상품은 크게 중요하지 않았다. 사람들이 글쓰기와 시 낭송을 원한다는 사실만으로도 글쓰기의 힘을 느낄 수 있었다. 그 토대는 지금의 꿈의 도서관 글쓰기 프로그램으로 자리 잡아 가고 있다.

더 많은 사람과 함께할 방법을 고민하다가 새해의 시작은 누구나 계획을 세운다는 것을 알았다. 꿈의 도서관 관장님은 오래전부터 새벽 4시 기상을 습관화하고 계셨다. 그 부지런함을 바탕으로 '미라클 모닝'을 해보고 싶다고 했다. 무료 프로그램으로 기획된 프로젝트였다. 새벽 5시 30분에 줌으로 들어와 카메라를 통해 서로의 얼굴을 보기도 하고 읽는 책을 비추기도 했다. 한 달 꾸준히 진행한 분들에게 작은 선물도 보태며 재미있는 미라클 모닝이 만들어졌다. 덕분에 내게도 새벽 기상이 습관화되기 시작했다. 저녁에 늦게 들어와서 하루를 정리하고 나면 새벽 기상은 쉬운 일이 아니다. 원래 늦게 일어나지는 않았지만, 새벽에 일어나는 것은 다른 차원의 문제였다. 새로운 루틴을 만들기 위해 열심히 알람을 맞추고 프로그램에 나를 맞췄다. 일 년 정도 진행한 프로그램에서 가장 열심히 한 참여자는 단연 운영자인 도서관장님이다. 어떻게 하루도 빠짐없이 참여할 수 있을까? 참여자들은 우리가 운영하는 다른 프로그램에도 관심을 가졌다. 이 프로그램 덕분에 다른 프로그램 홍보도 늘었고 소통하는 이웃도 늘어났다. 그중 능력 있는 분들이 많아 다양한 프로그램 제안을 할 수 있었다. 우리가 강의 프로그램을 선보일 때 아나운서, 변호사, 작가, 박사 등 다양한 강사를 초대할 수 있는 이유이기도 했다.

이웃 중에 새벽에 《도덕경》을 필사하는 분이 계셨다. 그걸 저렴한 이벤트 형식으로 해보자는 의견이 올라왔다. 필사할 사람이 있을지 의문이 들었다. 내가 해보지 않은 영역은 항상 걱정이 앞선다. 그럼에도 많은 분이 새벽에 참여하고 매일매일 필사 숙제를 올렸다. 여행을 가서도 새벽에 일어나 미라클 모닝에 참여하며 열심히 읽고 필사했다. 필사는 《논어》로 이어지고 있다. 4개월의 여정 덕분에 《도덕경》을 두 권이나 소화하게 되었다.

친하게 지내던 이웃이 책을 냈다고 했다. 꿈의 도서관이 만들어지고 첫 북토크를 해보기로 했다. 지방에 살고 계시니 줌으로 하면 전국에 팬을 만들기에 딱 좋았다. 회사가 홍보와 줌 미팅 개설, 사회, 서평 이벤트까지 도와드렸다. 한 번도 해보지 않은 이벤트였지만, 회사를 알리는 계기가 될 거라 믿었다. 저자가 제공한 책을 리뷰하는 조건으로 서평 참여자를 받았다. 북토크와 서평 이벤트를 통해 회사가 나갈 방향을 하나 더 찾아냈다. 혼자서 홍보하고 사람을 모으는 일은 쉽지 않기 때문이다. 브랜딩이 된 회사가 한다면 많은 작가에게 도움이 될 거라는 사실을 알게 되었다.

내가 북토크 사회를 전담하며 사람들 앞에 서는 시간도 많아졌다. 남들 앞에 서는 게 어색하지는 않았지만, 주제가 다른 세계는 긴장되기 마련이다. 마케팅이야 오랜 시간 해온 일이지만, 책이란 주제는 그때만 해도 내게 쉽지 않았기 때문이다. 하지만 이제 북토크를 2년 정도 진행하고 보니 이제는 제법 틀을 갖춘 듯하다. 얼마 전 '꿈의 작가'에 속한 저자분께서 혼자 힘으로 북토크 콘셉트를 잡고 홍보까지 하다 도움을 요청하셨다. 줌도 못하시고, 사회도 없고, 질문지도 없기에 바로 일정을 잡고, 리허설을 하고, 북토크를 진행했다. 갑작스러운 진행도 두려워하지 않을 만큼 나도 성장했다는 증거이다. 타인을 성장시키는 것 같지만 정작 내가 성장하고 있었다. 이것이 함께하는 이유가 아니겠는가?

혼자 하면 시도조차 어렵지만 같이하면 이끌려 갈 수 있다. 끌려가다가 자신도 몰랐던 재능이나 소망을 찾아낼지도 모른다. 같이할 때 새로운 돌파구가 찾아지는 경우가 많다. 누구나 자기 일을 알아서 해나가지는 못한다. 그래서 참여 가능한 모임이나 사람들이 필요하다. 그 역할을 회사가 할 수 있다면 좀 더 믿고 맡길 수 있지 않을까 생각한다. 회사는 일단 크고 믿음을 줄 수 있는 시스템이 있기 때문이다. 그 안에 모여 엄청난 시너지를 만들고 거기서 자신을 성장시키는 것이다. 혼자서는 할 수 없었던 것을 일종의 메타버스 모임을 만들어 시작했다. 지금은 오프라인 모임도 늘려가고 있다. 서로 얼굴 보고 이야기 나누며 강력한 확장성을 가져보려 한다.

05

다양한 참여자와 인연

꿈의 도서관 사업이 본격적으로 시작되면서 사람들을 더 많이 만나기 시작했다. 독서 토론을 이끌어갈 리더 교육을 위해 책에 관심 있는 이웃을 연락하고 만났다. 코로나가 심해서 줌으로 교육했지만, 오프라인 만남은 어쩔 수 없는 필수였다. 비전을 소개하고 참여를 독려하며 소통을 시작했다. 내 블로그 이웃은 아니었지만, 프로그램 덕분에 새롭게 맺어지는 이웃이 많아졌다. 미라클 모닝에 참여하는 숫자가 늘어날수록 소통하는 이웃이 늘어났고, 글쓰기 프로그램을 통해 더 멀리서 사는 이웃들과도 만남이 이어졌다.

단순히 블로그만 했다면 소통하는 관계에서 끝날 인연이 오프라인에서 이어졌다. 만나는 이유가 명확했기 때문에 제안을 받는 분들도 쉽게 나를 받아들였다. 내가 누군가를 만난다는 것은 개인적인 이유보다는 회사 차원의 만남일 가능성이 크기 때문이다. 블로그에서 새로운 관계가 맺어지면 프로그램에 참여할 수 있는 사람인지 궁금해지기까지 했다. 꿈의 도서관 플랫폼에 모이게 하려면 제안을 많이 해야 했다. 강의, 글쓰기, 독서, 토론 등을 제안하며 사람을 만났다. 자리가 사람을 만든다는 말도 있듯이, 운영자의 자리는 사람을 만나도록 만들었다. 사실 어떤 사업이든 참여자와 관계자를 만나고 회의하는 것이 가장 중요한 임무기도 하다.

꿈의 도서관에서 자신만의 특장점이 있는 분들을 초대하여 강의 콘서트를 열었다. '이루어 드림'이라 이름 짓고 각계각층의 이웃을 섭외했다. 심리학 박사, 아나운서, 작가, 출판사 대표, 미술 도슨트, 상담 전문가, 정신과 의사, 국문과 교수 등 다양한 분들을 모시고 강의를 듣고 개인적 질문도 나누었다. 강사를 초대하기 위해 블로그 이웃들의 성향이나 특징을 찾아다니게 된다. 그분들의 프로필을 보고 포스팅 성격을 판단한다. 미술 작품을 전문적으로 포스팅하는 이웃에게 연락했다. 강의 취지를 설명하고 도슨트가 있는 미술관을 찾아가서 직접 들어보기도 했다. 그분이 낸 책을 구입하고 읽으며 내 블로그에 포스팅을 더했다. 출판사로부터 서평 제안을 많이 받을 정도면, 내가 해드릴 수 있는 최고의 선물이 서평 쓰기였다. 그런 노력이 덧붙여져서 친해지는 계기가 되었다. 미술 강의를 통해 나의 또 다른 관심 영역도 확장되어 미술책을 구매하기도 했다. 보고 듣는 것만큼 관심 영역이 넓어지고 만나는 사람도 늘어나는 것은 당연하다. 최근에는 미술 작품을 감상하고 글 쓰는 프로그램까지 선보였다. 덕분에 덕망 있는 강연자들과도 알아가고 있다.

심리학 강의 때문에 관련 박사님을 영입한 적도 있다. 블로그 이웃이었는데 전문 강의자라는 것을 한번에 알 수 있었다. 통화로 인사를 나누었고, 줌 수업으로 가능한지 의사를 물었다. 오프라인 강의라야 효과적이지만, 줌으로도 어떻게든 해보겠다고 하셨다. 수입보다는 아들러를 사랑하는 사람들과 나누고 싶다며, 무료 강의도 선뜻 수락하셨다. 마침 나와 가까이 살고 계셔서 직접 만나 수많은 이야기를 나누었다. 내가 하는 마케팅 사업에 초대하여 다른 성격의 강의를 두 번이나 들었다. 다양한 전문 강의를 통해 박사님을 더 이해하고 소통하는 계기가 되었다. 내가 하는 분야에 꼭 필요한 강사를 얻은 셈이다. 인맥이 인맥을 연결하고, 또 다른 인맥으로 넓어지는 것은 사업에 꼭 필요한 일이다.

꿈의 도서관에서 소설이 나오며 관심을 보이는 사람이 많음을 알았다. 회사 내에서 소설 쓰기를 한다는 분을 통해 얼마든지 수요가 있음을 알았고, 이미 공부한 분들이 있다는 것도 알았다. 어떤 분야든 마음은 있는데 시도해보지 못한 분들에게 가이드를 제시하고 그 능력을 펼칠 수 있도록 만드는 중이다. 10년 이상 공부하신 분들이 선생님이 되도록 후원하고 있다. 그리고 그 능력을 수강생과 이어준다. 잠재력을 가진 분들을 찾아 강사가 되도록 만들어주고, 강의 기술이 필요한 분들을 이어가고 있다. 그분들이 설 수 있는 무대도 준비 중이다.

전국에서 책을 낸 이웃들을 위해 북토크를 열어주며 그분들을 통해 더 많은 이웃을 만난다. 줌에서 얼굴 본 사이라고 다시 블로그로 친구가 맺어진다. 사업을 하면 사람들의 능력과 잠재력을 찾아보게 되는 것은 어쩔 수 없다. 사람 보는 관점이 친구에서 사업으로 바뀐 것이다. 물론 사업을 통해 더없이 친해지는 계기가 되는 것은 확실하다. 사업이라는 매개체가 없었다면 서로 댓글만 주고받는 사이에서 끝났을지도 모른다. 이웃의 이웃까지 궁금해하지 않았을 것이다. 역시 사람은 어떤 목표가 생겨야 다르게 보는 힘이 생긴다. 내가 있는 위치에 맞추어 행동하고 바라본다.

PART

7

비즈니스
브랜딩

- 꿈의 도서관

01

함께 성장하는 브랜딩

'행동하는 독서'라는 브랜드를 만들고 본캐와 전혀 상관없이 완전히 다시 태어난 것처럼 시작했다. 이것은 일종의 실험이자 도전이었다. 글을 올리고 한 사람, 한 사람 이웃을 늘려갔다. 모르는 것은 네이버에게 물으며 블로그를 정리했다. 그때 읽은 책이 《매일 아침 써봤니?》였다. 매일 쓰는 힘에 대해서 배우고 도전을 시작했다. 나중에 알았다. 나 말고도 수많은 사람이 이 책에서 동기를 받았다는 것을. 이 책은 이미 하나의 브랜딩이 되어 있었다. 매일 진행하는 루틴만으로도 하나의 브랜드가 된다는 점이 놀라웠다. 아는 것과 행동으로 의지를 실현하는 것은 다른 문제이다. 어쩌면 꾸준함은 천재성이 부족한 내가 성장하는 유일한 방법이 아닐까 싶다. 매일 포스팅에 도전했다. 매일 글쓰기라는 브랜딩을 가져가 보기로 했다. 그렇게 시작된 글쓰기는 현재 900일이 지났다. 아침에도, 점심에도, 저녁에도, 자기 전에도 매일 글을 쓴다. 잘 쓰든 못 쓰든 그냥 쓴다. 어떻게 하면 멋진 작가들처럼 쓸 수 있을지 고민하고 나보다 더 나은 사람에게 피드백도 받는다. 이미 발행된 글이라도 다시 읽어보고 마음에 들지 않는 부분이 생기면 다시 고쳐 쓴다.

브랜드를 어떻게 키우면 좋을지 궁금해서 전문가로 보이는 이웃에게 도움을 요청했다. 그렇게 퍼스널 브랜딩에 관련된 책을 소개받았다. 모르는 게 있으면 물어보면 된다. 블로그에서는 얼굴도 이름도 모르는 이들이 나의 질문에 성실하게 답을 해준다는 점이 좋다. 브랜딩이란 키워드에 관심을 가지도록 도와준 그 이웃은 제주에서 자기만의 사업을 이끌어 가고 있다. 무언가 필요한 것을 인식했다는 것은 기회를 잡을 수 있다는 말이다. 모르면 어찌 도전 자체가 있겠는가? 블로그 이웃들의 세계를 통해 내가 나아갈 방향을 짐작해보게 된다.

나를 어떻게 타인에게 인식시킬까 고민하다 독서에서 끝나지 말고 행동하고 결과를 만들자는 취지로 행동하는 독서를 만들었다. 로고를 만들고 나를 나타내는 한 줄에 대해서도 고민했다. 브랜드를 가장 잘 나타내주는 것이 무엇일까? 수많은 생각들로 채워져 갔다. 네이버에서 검색되는 '나'가 얼마나 중요한지 깨달은 순간이다. 이젠 명함의 시대가 아닌 검색의 시대라는 말대로 사람들에게 무엇을 말하고 싶은지 쉽게 인식시켜야 했다.

퍼스널 브랜딩을 하기 위해 블로그에 다양한 공지를 하고 나를 알렸다. 내가 가장 잘하는 것이 무엇인지 고민하고 독서를 선택했다. 매일 책을 읽고 서평을 쓰고 사업 경험과 연관 지어 글을 썼다. 좋아해주는 사람이 생겨나며 조금씩 '행동하는 독서'라는 브랜딩이 알려지는 듯했다. 그 글을 모아 제대로 책까지 출간했다. 900일 쓰기는 행동으로 보여주는 나의 또 다른 브랜딩이 되었다. 글로만 행동하는 것이 아니라, 실제 행동의 결과를 만들어 내는 내가 되어 갔다. 회사를 차리고 보니 누구에게나 브랜딩이 필요하지만, 만들어 내기가 쉽지 않다는 사실을 알았다. 내게도, 이웃들에게도 퍼스널 브랜딩은 큰 숙제 같았다. 내 개인을 브랜딩하기보다 회사를 브랜딩하고 사람들과 같이 성장하면 좋겠다고 생각했다. 그렇게 꿈의 도서관이라는 법인을 만들었다.

한나라의 왕은 강력한 브랜드이다. 백성들 누구나 자기 나라 왕을 모르는 이는 없었을 것이다. 제후는 왕이란 브랜드를 등에 업고 자신을 내세우면 그만큼 정통성을 이어받는 효과가 생긴다. 자신이 브랜드를 갖추고 인정받는 데는 시간과 노력 외에도 타이밍이 제대로 맞아야 해서 쉽지 않았을 것이다. 역사소설을 보면 가장 흥미로운 대목은 나라를 새로 세우는 것보다, 무너진

왕조의 재건이 훨씬 명분이 선다는 점이다. 많은 충신이 왕권의 브랜드를 인정하고 있었기 때문에 벌어지는 일이다. 그만큼 국호를 바꿀 정도의 혁명은 쉽지 않다. 가장 쉬운 방법은 기존의 역사적 명분을 내세우는 것이리라.

대기업들이 어렵게 성장한 스타트 기업들을 인수하는 이유는 무엇일까? 대기업에 수천억을 받고 파는 이유는 무엇이고, 사는 이유는 무엇일까? 기술을 사는 이유도 있을 것이고 브랜드 가치를 사는 이유도 있지 않을까? 브랜드가 만들어지는 데는 기술, 성과도 중요하지만 역사, 철학, 가치, 사람 등 다양한 요소들이 존재한다. 지금 시대, 퍼스널 브랜딩을 새롭게 만들어 내는 일에 대해서는 어떠할지 생각해 보게 된다. 남들에게 인정받는 브랜드를 만드는 것이 빠를까, 이미 만들어진 브랜딩 안에서 성장하는 것이 빠를까? 역사적 사실들을 보면 강력한 브랜드의 정통을 이어받거나 그 안에서 신생 브랜드를 만들어 성장하고 알린 뒤 자신의 브랜드를 전면에 내세우는 것이 효과적일 것이라는 생각을 해본다.

퍼스널 브랜딩에서도 마찬가지가 아닐까 싶다. 혼자 만들어 내는 브랜드를 사람들에게 인식시키기는 쉽지 않다. 물론 그것을 제대로 잘 해내는 사람도 많지만, 쉽지 않은 건 사실이다. 그렇다면 브랜드 가치가 있는 회사에 소속되거나 협업을 통해서 자신을 알려 나가는 것이 쉽다. 현시대 트렌드도 가수 이름만으로도 강력하지만, 어디 소속인가도 매우 중요한 문제가 된다. 강력한 브랜드를 자신의 등에 업고 시작한다면 엄청난 시간과 노력을 아낄 수 있을 것이다. 이것이 꿈의 도서관 사업에서 하고자 하는 방향성과도 맞는다. 회사의 브랜드를 키워 같이하는 작가들의 브랜딩을 같이 성장시켜 보고자 한다.

현대판 자산은 더는 부동산이나 주식이 아니다. 디지털 자산을 만들어야 한다. 기술 자산, 고객자산이 앞으로 우리가 추구해야 할 자산이다. 특히, 나만의 특별한 기술을 가진다면 앞으로 먹고사는 데 지장이 없다. 만약 그런 기술이 부족하다면 고객자산에 집중해야 한다. 이웃, 팔로워, 팬을 늘려야 한다. 오프라인에서 만날 수 있는 이웃이 늘어난다면 이보다 더 좋을 수가 없다. 가장 좋은 광고는 팬의 입을 통해 퍼져나가는 입소문이다.

지방에 갔다가 블로그 이웃에게 연락해서 같이 식사한 적이 있다. 내 책을 처음으로 인정해주고 감사하다는 메시지를 준 이웃이다. 꿈의 도서관의 상황 질문에 솔직한 이야기를 조금 주고받았다.

"꿈의 도서관은 꾸준히 발전해야만 합니다."

"사업인데 문 닫을 수도 있죠."

"아니요. 얼마나 많은 사람의 꿈을 이루어주고 있는데요. 너무 좋은 일 하시잖아요."

이야기를 듣고 보니 용기도 희망도 다시 솟아난다. 바깥에서 보는 우리 사업의 모양새가 어떠한지 어렴풋이 알 수 있었다.

앞으로 어떤 미래가 펼쳐질지 자못 기대된다. 책이 나오고 꿈의 도서관이 안정궤도에 올라가면 더 많은 분과 연결되고 함께 가는 공동체를 상상해 본다. 꿈의 도서관이 꿈을 이루기 위해 간절히 소망하는 분들에게 거름이 되기를 바란다.

02

저자라는 강력한 브랜드

개인의 브랜딩에서 가장 강력한 것은 무엇일까? 책이 아무리 예전 같지 않다고 하더라도 책은 강력한 브랜딩 수단이다. 글 쓴 작가가 가지는 브랜딩 파워는 무시할 수 없다. 물론 지금은 동영상 시대라서 유튜브가 훨씬 강력할 수도 있다. 하지만 저자라는 브랜딩은 신뢰라는 측면에서 조금은 차원이 다르다고 생각한다.

많은 사람이 자신의 이름으로 된 책을 내고 싶어 한다. 글을 쓰고, 콘셉트를 잡고, 아이디어를 낸다. 자신만의 원고를 만드느라 밤을 지새우기도 한다. 그리고 우리는 자비 출판이 아닌 이상 투고와의 전쟁을 시작한다. 하지만 편집자가 원하는 원고와 내가 하고자 하는 원고는 차이를 보일 수밖에 없다. 글쓰기와 책 쓰기는 다르다는 현실을 마주하는 것이다. 출판사는 오래 팔리는 책을 내고 싶어 한다. 저자도 그 점에서는 마찬가지이다. 다르다면 저자는 남들이 꾸준히 인정하는 책을 원하고, 출판사는 잘 팔리는 것을 원한다. 좋은 책, 읽고 싶은 책이라고 꼭 잘 팔리는 것은 아니라는 점이 모순이다. 지금은 어디서든 책을 빌리고, 볼 수 있는 세상이다. 좋은 책은 빌려 읽으면 그만이다. 팔린다는 것은 개인이 소장하고 두고두고 보고 싶다는 말이다. 참 어려운 일이다.

출판사가 원하는 원고는 저자의 영향력이 있는가의 문제와 직결된다. 특히 무명의 초보 작가는 도박에 가깝다는 말이다. 초보 작가일수록 글에 특별한 아이디어가 들어가야 한다. 기성작가들도 쓸만한 수준의 원고를 가지고 도박할 필요는 없을 테니까. 특히 에세이는 자신의 이야기 중에서도 특별한 순간들을 담아내야 하지 않을까 싶다. 육아, 교육, 성장 등은 비슷한 교육체계에서 받은 그대로, 담아내는 내용도 판박이일 가능성이 농후하다.

저자만의 키워드, 핵심, 주제, 방향을 만들어야 한다. 그게 자신만의 브랜딩이다. 브랜딩은 자꾸 내세워서 사람들의 인식에 각인되어야 한다. 나는 책을 내며 '가서 만나고 이야기하라'의 준말인 '가.만.이'를 강조했고, 계속 누군가를 만난다는 이미지를 만들어 냈다. 어느 날 지방 도시를 간다는 말을 전했더니 거기에 사시는 분께서 댓글을 다셨다. "제게도 전화하실 건가요?" 그럴 맘이 별로 없다가도 만나보고 싶다는 생각이 들었다. 내가 먼저 전화하면 큰 실례가 될지도 모르겠지만, 상대가 먼저 내가 '가.만.이' 한다는 인식을 가지고 있으니 쉽게 다가설 수 있었다. 브랜드의 힘이 아닐까 싶다.

나만의 키워드가 뭐가 있을까 생각해 보았다. 나는 900일 넘게 글을 쓰고 있다. 그게 어쩌면 나의 강력한 키워드가 아닐까 싶다. 앞으로 1,000일에 도달하면 나를 내세우는 더욱 강력한 무기가 되지 않을까? 그렇다면 브랜딩이란 꾸준함이 포함되어야 한다. 하나의 키워드를 정하고 꾸준히 보여주고 행동하는 것이 중요하다. 혼자서 꾸준히 하는 것은 어렵다. 그래서 같은 목적을 가진 사람들이 모여 서로에게 응원하며 함께 걸어가야 한다. 회사 형태로 만들어 꾸준히 해나가면 가장 이상적이고 믿음직스러운 형태가 되리라 믿는다.

최근 들어 블로그 이웃분들의 글을 보며 느낀 점이 하나 있다. 이미 그들의 글은 일정 수준 이상에 도달했다는 것이다. 잘 읽혔고, 내용도 충분히 공감이 간다. 하지만 그들의 글이 세상에서 제 역할을 다하게 하려면 더 많은 것들이 필요하다는 점을 느낀다. 글쓰기에서 책 쓰기로 바꿨다면 그에 맞는 능력도 같이 키워야 한다. 그게 뭔지 다 알 수는 없지만 독자가, 출판사가 원하는 것이 무엇인지 알고 맞추어 가는 자세쯤은 갖추어야 한다. 그것만은 확실하다.

브랜딩에 반드시 필요한 것은 책 쓰기라는 결론에 도달했다. 그래서 꿈의 도서관에서 글쓰기, 책 쓰기 프로그램을 열었다. 책을 낸 분들과 의견을 나누고 그들에게 필요한 강의를 열어주고 있다. 필요하다면 출간이나 글쓰기에 도움 줄 분들을 모셔 강의를 듣는다. 그들에게 서평 이벤트도 열어주고 북토크도 안내해 준다. 서평 쓰기도 하고 좋은 책은 소개를 녹화해서 유튜브에 올려둔다. 책을 소개하려면 그 책에서 작은 영감이라도 받아야 했다. 작가 모임 참여자들의 책을 읽으며 그들의 삶과 성취를 이해하는 과정은 재미있다. 그 사람의 책을 읽고 만나고 이야기하면 서로가 공감할 수 있다. 브랜딩의 목적을 가지고 만났지만, 인간적인 친구가 되어간다.

내가 먼저 책을 쓰고 브랜딩한 과정을 같이 나누고 참여자 모두가 브랜딩이 되도록 이끈다. 아니 서로의 영향력을 공유하며 성장한다. 소설, 에세이, 자기 계발서, 그림책, 인문학 등의 저자들이 서로에게 영감을 나누어준다. 시간이 지나며 자기 계발서를 에세이로 바꾸는 노력도 진행해본다. 소설이라는 장르를 통해 새롭게 시너지를 만들어볼까도 고민한다. 다양한 저자가 모여있다는 사실은 장르를 파괴하는 또 다른 시도이다.

03

독서 토론을 상품화

회사가 꾸준히 성장하기 위해서는 유료 프로그램들이 필요하다. 남들이 기꺼이 돈을 낼 수 있는 프리미엄 프로그램을 만드는 일은 많은 사전 조사와 전문성이 들어가는 일이다. 다행히도 감각이 뛰어난 운영자 덕분에 좋은 프로그램이 많이 탄생했다. 그중 가장 대표적인 프로그램이 바로 독서 토론이다. 직접 진행도 하지만, 진행자를 교육하는 프로그램을 통해 리더를 양성하고 있다.

우리나라는 정답을 맞혀야 하고 손을 들어 의사를 표현하는 아이들에게만 기회가 주어지는 문화를 가지고 있다. 나 역시 초등학교 때 손을 들어 답을 말하는 것이 몹시도 두려웠다. 하지만 어른이 되어도 그것은 마찬가지이다. 토론하는 문화는 타인을 배려하는 방법이자 폭력을 줄이는 방법이라고 한다. 오랜 시간 토론 문화 속에 있었다. 하고 있던 사업에서 책을 정하고 일주일에 한 번씩 만나면 간단하게 책에 대한 소감을 나누었다. 하지만 유료로 운영되는 프로그램은 그렇게 단순하지 않았다. 논제를 만들고, 한쪽으로 치우치지 않는 균형 잡힌 토론 문화를 만들어야 했다.

독서 토론의 가능성을 알아보다가 친한 이웃이 독서 토론 전문가라는 사실을 알았다. 통화를 요청하고 토론이라는 새로운 분야에 대해서 상담했다. 흔쾌히 초기 운영자로 함께 참여하시며 독서 토론 리더를 교육해 주셨다. 독서 토론에 관심 있는 몇 분의 이웃에게 사업 비전을 제시했다. 참여자들이 늘어나자 장르별 책을 정하고 독서 토론을 시작했다. 독서 토론을 통해 건조한 자기 계발에서 다양한 문학으로 넓어지는 계기가 마련되었다. 일주일에 한 번씩 모여 같은 책을 읽고 서로의 의견을 더했다. 논제를 만들어보고 피드백을 받았다. 선생님께서는 과감하게 수정 사항을 점검해주셨다. 참여하신 예비 클럽장들의 열정으로 잘 마무리되었고 독서 토론 클럽장 교육이라는 첫 번째 유료 프로그램이 만들어졌다. 이후에 초등 독서, 중등 독서, 문학, 수학 독서 토론이 출시되었다. 작가, 과외 선생님, 직장인, 프리랜서 등 참여자들의 직업도 다양했다.

독서 토론 클럽장들에게 새로운 기회를 주기 위해 B2B에 도전하기로 했다. 처음 B2B에 도전할 때 가능성은 희박해 보였다. 마침 관장님의 뚝심으로 예스24 담당자 연락처에 닿았고 미팅을 잡았다. 그렇게 예스24 본사에 들어가 회의를 감행했다. 쉽지는 않았지만, 도전은 기회를 만들어 냈다. 담당자는 우리가 진행하려는 사업에 관심을 보였다. 서점을 운영하는 사업자에게는 독서 인구가 필수가 아니겠는가? 회원이 책을 읽도록 유도하는 점은 우리의 목표와 맞아떨어졌다. 결국, 꿈의 도서관 클럽장 출신들을 활용한 '벽돌 책 읽기' 프로젝트가 성사되었다.

'책을 좀 읽는다' 하는 사람의 책장에는 《코스모스》, 《이기적 유전자》, 《서양미술사》, 《사피엔스》, 《총, 균, 쇠》 정도의 책이 있다. 좋다는 소문이 자자한 책이지만 막상 읽으려 들면 이해하기도 쉽지 않고, 책장이 넘어가지도 않는다. 읽다 멈춘 책이 멋지게 장식용으로 쓰이고 있다. 그런 벽돌 책을 같이 읽는 프로젝트였다. 꿈의 도서관 클럽장들은 오랜 시간 독서로 단련된 분들이라 충분히 소화할 수 있었다.

예스24에서 참여자를 모집해 주고, 그들과 책 읽는 과정을 우리가 담당했다. 나도 《코스모스》에 들어가 함께 책 읽고 인증을 공유하며 토론했다. 두 달간의 책 읽기 행사가 끝난 후 꿈의 도서관에 관심 가지는 이들이 많아져서 다양한 프로그램 홍보에 도움이 되었다. 예스24와 독서 토론 협력을 맺으면서 더 많은 회원과 독서 토론을 이어가게 되었다. 독서 토론 리더들에게 한 줄의 스펙이 늘어날 수 있어 보람된 작업이었다. 물론 쉽지 않은 과정이라 여기저기서 진통이 있었지만, 많은 독서 클럽장의 희생과 봉사 정신으로 잘 마무리되었다.

가장 오랫동안 진행한 독서 토론은 '초등 독서 토론'이다. 우리 아이들도 참여해서 일 년 동안 열심히 읽고 토론했다. 꿈의 도서관 관장님께서 토요일 오전에 아이들과 줌으로 진행하고 있다. 덕분에 책을 읽지 않던 아이들의 독서 습관이 자리 잡혔고, 생각을 발표하는 수준이 높아졌다. 이 시대 아이들에게는 독서보다는 영어, 수학 능력이 더 필요한 시대라서 안타깝다. 독서가 중요하다고는 하지만 부모는 막상 독서 수업에 보내기를 꺼린다. 독서가 중요한 것은 동서고금을 막론하고 누구나 아는 사실이지만, 독서 인구는 계속 줄어들고 있다. 초등 독서는 수입의 차원을 떠나서 꼭 필요한 프로그램이라 생각한다.

채 2년이 되지 않았지만 꿈의 도서관과 같이하는 클럽장과 강사들이 꽤 많이 늘었다. 나는 지방 출장이 많은 편이다. 덕분에 지방에 거주하시는 많은 클럽장을 만나곤 한다. 꿈의 도서관과 동행할 사람을 연락하고 만나고 섭외한다. 그들에게 비전을 제시하고 꿈을 이야기한다. 꿈의 도서관과 같이 꿈을 키워나갈 지원자를 모으고 응원하며 같이 성장하고 싶다. 사람들과 꿈과 비전을 이야기할 때 가장 행복하다. 아직은 멀고 먼 이야기일지 모르지만, 인생의 방향을 나눌 수 있다는 것이 얼마나 위대한 일인가?

04

글쓰기 브랜딩

인터넷에는 많은 유료 글쓰기 프로그램이 존재한다. 특히 책을 내주는 조건으로 엄청난 가격을 요구하기도 한다. 과연 책을 쓰기 위해서 돈을 많이 쓰는 게 맞는지 모르겠다. 글쓰기는 배워야 한다는 것에 동의하지만, 결국 자신이 해내야 하는 연습이다. 내가 매일 글쓰기를 하는 이유도 바로 연습의 과정이라 생각하기 때문이다. 그런데도 실력이 늘지 않으면 배울 건 배워야한다. 꿈의 도서관에 참가하는 분들이 글 쓰고, 책 쓰고 싶다는 것을 알았다.

최근에 소설창작반이 오픈했다. 블로그에서 만난 이웃이 오랫동안 소설을 공부했다고 했다. 본업도 충실히 진행하며 소설이란 꿈을 향해 꾸준히 나가는 모습이 너무 보기 좋았다. 그분과 소설창작반을 만들어보기로 했다. 누군가를 가르치는 것이 처음이라고 하셨지만, 원래 잘하는 사람이 어디 있으랴? 초보 선생님과 예비 작가들의 동거가 시작되었다. 선생님은 소설창작반이 한 주, 두 주 진행되며 안정을 찾아가셨다. 나도 참여하고 있었기에 그 변화를 직접 경험했다. 지금은 자신의 끼를 한껏 발휘하는 선생님이 되셨다. 문우들의 글이 많이 발전했다는 나의 말에 "내가 가르친 분들이잖아요."라고 대답하셨다. 그 말속에서 선생님의 자부심을 보았다. 선생님과 제자로 만나는 인연은 몇 겹의 인연이라 했다. 얼마나 아름다운 관계란 말인가? 그것도 내가 만든 회사에서 벌어지는 일이란 점이 가슴 뭉클하다.

소설창작반 출신들은 단체채팅방을 함께 운영하며 꾸준히 친분을 이어가고 있다. 공모전 정보도 나누고, 글을 서로 합평해주며 실력을 쌓아간다. 정규 수업이 끝났는데도 선생님께서 꾸준히 글을 봐주고 계신다. 소설 선생님과 에세이 선생님께서 수업 방식을 공유하고 나누며 더 좋은 방법을 찾아가고 있다. 나는 소설창작반, 에세이반 수업을 모두 들었다. 자기 계발 분야 작가지만, 다양한 장르로 글쓰기 실력을 향상시키고자 노력 중이다. 내가 직접 들어가서 실력이 늘었다면 선생님의 실력이야 말해 무엇하겠는가? 그래서 더 열심히 쓴다. 매일 블로그에 글을 쓰며 나를 위해, 꿈의 도서관을 키우기 위해 노력한다.

밤호수, 임수진 작가님의 에세이 실력을 꿈의 도서관에 소개하고 싶었다. 블로그 마을이란 메타버스로 많은 팬에게 사랑받는 작가님이라면 자기 이야기를 쓰고 싶어 하는 분들에게도 많은 사랑을 줄 수 있을 거라 생각했다. 작가님의 매력적인 글쓰기에 욕심이 나서 에세이 글쓰기 수업 제안을 했다. 글을 쓰는 것과 가르치는 것은 엄청난 차이가 있으리라. 임 작가님에게도 쉽지 않은 일이었을 것이다. 그런데도 함께하겠다고 답을 해주었다. 프로그램을 만들고 방향을 나누는 일에 긴 시간이 걸렸다.

에세이 글쓰기는 홍보하자마자 금방 마무리되는 대표 글쓰기 프로그램이 되었다. 미국에서 줌으로 진행되는 수업인데도 인기가 꾸준히 이어진다. 운영자인 나도 들어가지 못할 정도로 인기 있는 프로그램이 에세이 글쓰기반이다. 에세이 1기, 2기가 연속으로 진행되며 많은 참여자와 친분이 쌓였고, 그분들이 전자책, 종이책, 북토크로 이어졌다. 그리고 나중에는 소설창작반에서 문우로 다시 만났다. 나도 소설창작반, 에세이반, 북토크에 같이 참여하며 자주 만나던 분들과 글쓰기 친구가 되었다. 꿈의 도서관을 통해 서울, 부산, 양산, 대구, 전주, 광주 등 많은 곳에서 같이 글 쓰는 동료가 생겼다.

운영자와 임 작가님은 1기의 전자책 출간 문제로 고민이 많았다. 전자책이 생각보다 비용과 노력이 많이 들어가는 작업이라는 사실을 알았다. 그만큼 우리는 도전하고 또 도전하며 프로그램을 만들어가고 있었다. 도전하며 배우기를 반복했다. 맨땅에 헤딩한 초창기 분들에게 너무나 감사드린다. 예스24에 전자책까지 올려두고 나니 1기가 비로소 마무리되었다. 그분들의 책이 얼마나 팔리는지는 중요하지 않았다. 자신의 책이 팔리도록 만들어진 것에 큰 의미가 있지 않은가? 다음은 종이책에 도전하면 된다. 종이책은 오히려 경험 많은 선배들이 많으니, 별문제가 되지 않았다.

전자책도 나왔으니 북토크를 열면 좋겠다는 의견이 나왔다. 꿈의 도서관이 가장 잘하는 분야가 바로 서평 이벤트와 북토크 아닌가? 사람들에게 홍보 포스팅을 보내고 주소를 보냈다. 사회는 내가 맡기로 했다. 사회를 보려면 대강의 내용을 알아야 했기에 저자들의 책을 읽어나갔다. 길지 않은 책이지만 놀라운 완성도를 보여주었다. 나도 에세이에 도전하고 싶은 마음이 들 정도로 놀라운 책이었다. 하루를 깊이 빠져들어 읽어 내려갔다. 빨간 줄을 긋고 질문거리를 만들었다. 참여자 대부분은 내가 처음 뵙는 분들이라 소통하는 데 다소 어색함은 있었지만, 진솔한 모습에 감동했다. 인생의 숙제를 모두 끝낸 분도, 글쓰기를 처음 하는 분도 계셨다. 나름의 이유가 마음을 울렸다. 나중에 두 분이 종이책을 내셨다. 그분들 북토크 사회도 우리가 진행하며 많은 것을 같이 배우고 공유했다. 마침 부산 갈 일이 있어 부산에서 같이 북토크를 열기도 했다. 돼지국밥도 먹으며 이야기도 나누었다. 차 한잔하며 과거를 돌아보고 서로에 대해 알아가는 과정은 항상 즐겁다.

에세이 글쓰기를 통해 배출된 많은 예비 작가가 전자책을 냈고 종이책도 출간했다. 현재는 소설 쓰기, 서평 쓰기, 블로그 쓰기 등 다양한 글쓰기 프로젝트를 진행하고 있다. 그 프로젝트 안에 우리 아이들이 소속되기를 원한다. 5학년 아들에게 블로그 100일 쓰기를 시킨 적이 있다. 신통하게도 아들의 꾸준히 읽고 쓰는 모습을 봤다. 둘째, 셋째 초등생 우리 아이들은 초등 독서 토론을 거의 1년 하고 있다. 이 프로그램 덕분에 그래도 한 달에 두 권의 책을 꾸준히 읽는 아이들이 되었다. 돈이 되는 사업도 중요하지만, 나의 아들, 딸이 참여할 수 있고 성장하는 플랫폼을 만들고 있으면 그것만으로도 만족할 만한 사업이라 생각한다.

블로그는 책 쓰기와는 차원이 다르다. 임팩트 있는 구조로 눈에 잘 띄게 써야 한다. 사진을 적당히 넣어야 하고 글과 조화를 이루어야 한다. 네이버에는 '이달의 블로그'라는 인증 제도가 있다. 하나의 주제를 잘 나타내고 적당한 조회 수가 나오면 부여되는 메달이다. 오래전부터 이달의 블로그로 활동하신 경험

많은 선생님을 초대하여 블로그 쓰기를 배운다. 블로그 쓰기를 잘해서 조회 수가 늘어나는 법을 배우면 애드포스트 외에 다른 수입도 얻을 수 있다. 내가 가장 못 하는 분야지만, 잘 배우면 꽤 괜찮은 수입을 만들 수도 있다.

도서 인플루언서가 되려면 서평 쓰기가 기본이다. 서평이란 게 무엇인지도 모르고 시작했지만, 지금은 나만의 방법을 만들어 쓰고 있다. 서평 쓰기는 블로그 하는 분들에게는 필수 프로그램이 아닐까 싶다. 자신의 글을 처음부터 쓰기 어렵다면, 책을 필사하거나 내용을 비평하는 글이 좋다. 적당히 내용을 옮겨 적고, 자기 생각을 덧붙이면 자신만의 글이 된다. 나도 이 방법으로 글쓰기를 배우지 않았는가? 잘 쓰인 책을 읽으면 문장 구성도 점차 매끄러워지는 법이다. 꿈의 도서관 관장님의 노력으로 서평 쓰기 선생님을 모셨다. 앞으로 서평 쓰기는 이어져 도서 인플루언서까지 배출할 것이다.

서평 쓰기와 블로그 쓰기는 그 시작을 알리는 기초 글쓰기이다. 그 점이 매력적이다. 잘 쓴 글들을 모아 책을 만들고, 영상으로 재가공할 수도 있다. 나는 블로그 글을 모아 첫 책을 구성했다. 단지 애드포스트와 광고 수입만 본다면 블로그 본질에 다가설 수 없다. 쉽게 접할 수 있는 블로그지만, 잘만 이용한다면 엄청난 기회를 안겨주기도 한다.

꿈의 도서관을 운영하며 나의 스토리가 하나씩 늘어가서 뿌듯하다. 사람에 관한 이야기, 프로그램 대한 이야기, 우리를 통해 성장한 독자들의 모습, 그 안에서 같이 성장하는 나를 본다. 덕분에 나도 에세이 쓰기, 소설 쓰기도 도전했고 이 과정을 모두 이수했다. 인생 처음으로 엽편소설, 단편소설을 만들어보았다. 최근에는 선생님과 의견을 모아 에세이를 하나씩 쓰고 있다. 브런치에 브런치 북을 하나 만들고 완성도를 높이고 있다. 글이 쌓여 에세이집을 하나 내면 좋겠다는 꿈도 꿔본다. 문우님들에게 수많은 피드백을 받으며 수정하고, 격려받으며 용기를 내고 있다. 2년 전만 해도 내세울 글 하나 없는 내가 조회 수 수천의 블로그를 운영하고, 책을 쓰며, 소설 쓰기를 하고 있다. 이것이 모여 하나의 이야기가 되고, 책이 되고, 브랜딩이 된다. 이런 이야기를 써보고 싶었다.

05

작가 모임

책을 내고 고민하던 것들을 통해 새로운 프로그램을 선보였다. 책을 만드는 콘셉트, 투고하기, 출판사 리스트, 다양한 아이디어 정보, 퍼스널 브랜딩, 홍보, 서평 이벤트, 북토크, 강의 등 작가 본인이 감당해야 할 것들이 너무 많았다. 그 경험을 바탕으로 꿈의 도서관에서 작가들의 모임을 만들었다. 작가로 책을 내거나 등단을 해도 퍼스널 브랜딩이나 무대가 없어서 자신을 알리기 어려운 것이 현실이다. 영상을 만드는 것조차 쉽지 않은 작업이다. 꿈의 도서관 출범 때부터 이웃의 책이 나오면 서평, 북토크 이벤트를 지원하고 있었다. 그 경험을 살려 작가 브랜딩 프로그램을 만들어보기로 했다.

원고를 쓰는 과정은 작가 본인의 고유 업무이지만 그 외의 과정은 멘토와 멘티의 과정이 필요하다. 글을 아무리 잘 써도 콘셉트가 애매하면 출판사에서도 선정하기 어렵다. 작가들이 같이 모여 의견을 나누고 서로 이끌어주며 경험 강사들을 초대해서 자문하면 어떨까 하는 생각을 했다. 작가님들을 통해 프로젝트 참여 의사를 조사했다. 책을 내는 것은 주변에 물어보고 찾아보며 도전했지만, 홍보와 팬 만들기는 쉽지 않다고 했다. 용기를 얻어 회의를 진행했다. 끌고 갈만한 인력이 부족해서 계속 연기하고 고민했지만, 이것을 내가 꼭 해야 한다는 사명감이 찾아왔다.

《가서 만나고 이야기하라》를 내고 6개월쯤 지날 때였다. 북토크, 서평, 강의, 유튜브 등을 하며 지냈지만, 홍보와 브랜딩은 쉽지 않은 길임을 느꼈다. 책은 쓰기도 어렵고, 내기도 어렵지만, 브랜딩은 더 어려운 길임을 누구보다 잘 알고 있었다. 시장에 나온 제품도 마찬가지이다. 제품이 우수하다고 잘 팔리는 것도 아니고, 나쁘다고 사장되는 것도 아니다. 사람들의 마음을 움직일 수 있어야 하는데 그게 만만치 않다. 독자의 눈에 꾸준히 보이게 만들고 어떤 활동이든 이어가는 모습을 보여주는 것이 중요했다. 작가 본인이 나서서 이끌어 가야 하는데 브랜딩이 부족하면 혼자서는 역부족이다. 돈을 들이면 좋겠지만 그것도 만만한 작업은 아니다. 출판사에서 해주는 홍보가 한 달 내에 끝나고 나면 오로지 작가의 역량에 의존해야 한다. 출판사가 원하는 작가가 되는 것도 중요한 사항이다. 출판사가 완벽하게 브랜딩 된 작가를 원하는 이유도 여기에 있다.

몇 달 고민하던 것들을 체크한 후 나에게 필요한 것이라면 다른 작가님도 반드시 필요하다고 생각했다. 대부분 콘셉트만 가지고 혼자 모든 과정을 견뎌내지 않았을까 싶다. 그래서 그분들이 같이 모이고 서로 이끌어준다면 분명 뭔가 다른 결과가 나오지 않을까 싶어서 회사 이름으로 작가 모임을 만들어보기로 했다. 그렇게 '꿈의 작가'가 탄생했다. 서로가 부족한 부분을 메꾸며 돕는다면 긍정의 시너지가 탄생하리라 믿었다.

처음 발걸음이기 때문에 모집 공지를 내면서도 몇 분만 참석해도 정말 좋겠다는 생각을 했다. 그런데 생각보다 많은 작가님이 참여해서 자신의 꿈과 포부를 밝혔다. 아직 어떤 것도 결과를 내지 못한 상태임에도 믿고 참여해주신 분들에게 너무나 감사하며 책임감을 느낀다. 장르도 무척이나 다양하다. 동화, 그림책, 시, 에세이, 소설, 자기 계발, 대학 교재 등 자신만의 글들을 쓰는 분들이 모였다. 서울, 김해, 전주, 광주, 진주, 경기, 구미, 양산, 싱가포르 등에서 참여한다. 이분들이 힘을 모으고 회사의 노력이 첨가되면 각자의 성장에 많은 도움이 될 듯하다. 책을 내신 작가님과 북토크를 하기 위해 부산도 다녀왔고, 싱가포르에서 온라인 북토크를 진행하기도 했다. 서울에서 오프라인 북토크를 원하는 작가님과도 협업했다. 홍대 입구 카페를 대여해서 전국의 팬들이 모여 꿈의 도서관 이름으로 북토크를 진행했다. 선물도 준비하고 사진도 찍으며 즐거운 시간을 가졌다. 작가 혼자서는 엄두도 내기 어려운 작업임에 틀림이 없다. 하지만 회사가 나서서 같이 하면 얼마든지 용기를 가지고 같이 갈 수 있다. 그게 우리가 추구하는 비전이다.

꿈의 작가에서 활동하는 작가님들에게 좋은 소식이 들려온다. 장르 소설을 쓰셨던 분들이 드라마, 영화 계약을 맺었다. 조만간 TV와 극장에서 내용을 마주한다고 생각하니 더없이 기쁘다. 첫 번째 책을 쓰고 가슴 설레는 분도 계신다. 두 번째 책을 계약했다고 바쁜 나날을 보내는 작가님도 계시고, 출판사로부터 제안을 받았다는 분도 계신다. 불과 몇 달 만에 3권을 출간하신 분도 있다. 자신의 신체적 한계를 딛고 일어서는 미래의 명강사님도 계신다. 이분들의 힘이 모이고 합쳐지면 어떤 일이 벌어질지 가슴이 뛴다.

내가 가장 잘할 수 있는 일이 무엇인지 고민한다. 글쓰기를 가르치는 것은 이미 더 능력 있는 선배 작가님이 하고 계신다. 나는 다른 작가님에게 어떤 도움을 줄 수 있을까? 바로 사람을 만나고 제안하고 끌어들이는 능력이 아닌가 싶었다. 블로그에서는 오프라인으로 사람을 만나기가 쉽지 않다. 자신을 드러내는 것을 꺼리는 분도 있고, 재능을 어떻게 나누어야 할지 모르는 분들도 있다. 먼저 다가서서 프로젝트를 이해시키고 동참시키는 것이 나의 몫이다. 그들이 함께 어우러져 자신의 숨은 재능을 찾아 나가도록 돕고 싶다. 내가 가장 즐기고, 잘하는 것이 사업 아이템이 되는 것이다.

블로그 이웃으로 만나 같이 독서 토론을 시작하고, 포스팅하는 법을 배운다. 인플루언서가 되고, 브런치 작가가 되어 함께 끌어주고 밀어주며 작가로 거듭난다. 전자책, 종이책을 쓰고, 북토크, 서평을 하며 자신을 알려 나간다. 누군가는 강의로, 누군가는 드라마와 영화로 자기 작품을 펼쳐나간다. 그런 분들의 영향력으로 다음 세대의 작가들이 성장한다. 선배들의 밑거름을 받아 예비 작가들이 자신의 글과 스토리를 펼쳐나가도록 돕는다. 꿈의 도서관이 하고자 하는 플랜이 점점 커지고 있다. 지금은 미흡하지만, 작가들의 종합 플랫폼이 되기를 소망한다.

세상은 기술 발달로 끊임없이 직업이 생기고 사라진다. 이번에 나오는 신기술은 또 어떤 직업을 사라지게 만들지 무섭기만 하다. 이런 과정은 꾸준히 반복됐지만, 시대 변화가 빨라지다 보니 변화에 적응하기 어렵다. 기술 하나로 한 세대 이상 먹고살았는데, 이제는 두세 번의 변화에 맞닥뜨려야 한다. 앞으로는 5년마다 신기술을 익혀야 하는 운명에 맞서야 한다. 기술보다는 통찰력을 익혀야 하는 이유가 아닐까 싶다. 그러기 위해서는 많은 경험을 쌓아야 하고, 그것을 어떻게 결합하고 시너지를 낼지 알아야 한다. 학교에서 하는 공부가 아닌, 실제로 얻을 수 있는 경험이 재산이 되는 세상이 오지 않을까?

요즘 이슈가 되고 있는 ChatGPT를 통해 '굳이 우리가 글을 써야 하는가?'라는 명제를 만나곤 한다. 하반기에는 지금보다 더 강력한 버전을 출시한다고 한다. 지금도 도서 서평 의뢰를 보면 ChatGPT로 쓴 책도 보이고, 그에 관한 기술을 다룬 책도 많이 보이는데 더 강력한 도구가 나오면 어쩌란 말인가?

　인간이 할 일은 무엇일까? 답을 찾는데 고수가 ChatGPT라면, 문제를 제기하고 콘셉트를 만드는 것은 사람이 아닐까? 그래서 더욱 사람을 이해하고, 철학적 사고를 해야 하나 보다. 책을 많이 읽고 생각의 깊이를 더하는 일이 우리가 할 일이 아닌가 싶다. 글을 쓴다는 것은 단지 누군가에게 보이기 위한 결과물만을 이야기하지 않는다. 글을 쓰는 동안 생각을 더 하고 깊이를 더하는 과정이다. 생각은 휘발성 메모리 반도체처럼 머릿속에서 심상을 그리고 바람처럼 사라지고 만다. 그걸 잡아 생각을 연결하는 고리를 만드는 것이 글쓰기이다. 상대를 납득시키려면 글이 되고 말이 되어야 한다. 그래서 글쓰기는 언제나 필요한 일이란 생각이 든다.